POTOSÍ

This catalogue has been published on
the occasion of an exhibition organized
by the Americas Society, New York and
Fundación BHN, La Paz.

EXHIBITION DATES
Americas Society Art Gallery
New York, New York
September 24–December 14, 1997

COVER
Attributed to Luis Niño (Potosí, active 1716–1758)
Virgen de la Fuencisla (Virgin of Fuencisla), 1722
Oil on canvas, 63 ⅜ × 43 ⅜ inches (161 × 110.5 cm)
Museo Nacional de Arte, La Paz, Bolivia

Library of Congress Card Catalogue Number 97-074730
ISBN 1-879128-16-0 (pbk.)

Published by the Americas Society
680 Park Avenue, New York, NY 10021

Editor: John Farmer
Associate Editors: Regina Smith and Joseph R. Wolin
Assistant Editor: Ilona Katzew
Editorial Assistants: Cecilia Lizárraga and Enoc Pérez
Publication Coordinator: Regina Smith
Translators: Deanna Heikkinen, Ilona Katzew, and Ana Maria Simo
Design and typography: Russell Hassell
Printing: The Studley Press, Dalton, Massachusetts

Photography Credits: All photos by Pedro Querejazu except p.31, fig.
1–2: Courtesy Hispanic Society of America, New York; p.32, fig. 3–4,
and p. 38, fig 16: Teresa Gisbert; p. 77, pl 8: Justin Van Soest; and p.
111, pl. 52: Courtesy Brooklyn Museum of Art, New York.

POTOSÍ
Colonial Treasures and the Bolivian City of Silver

Pedro Querejazu and Elizabeth Ferrer, Curators

AMERICAS SOCIETY ART GALLERY, NEW YORK

in association with Fundación BHN, La Paz

1997

The Americas Society is a national institution devoted to informing people in the United States about the societies and cultures of its Western Hemisphere neighbors. Its goal is to foster a broader understanding of the contemporary political, economic, and social issues confronting Latin America, the Caribbean, and Canada, and to increase public awareness and appreciation of the rich cultural heritage of our neighbors. To this end, the Society offers a variety of programs that are organized into two divisions: Western Hemisphere Affairs and Cultural Affairs. As a not-for-profit institution, the Americas Society is financed by membership dues and contributions from corporations, foundations, individuals, and public agencies, including the National Endowment for the Arts, the New York Council for the Humanities, and the New York State Council on the Arts.

#3884619

Acknowledgments

The Americas Society in New York and the Fundación BHN in La Paz take great pride in presenting the exhibition *Potosí: Colonial Treasures and the Bolivian City of Silver*, the first ever to present the artistic achievements of Potosí in the context of its complex and unique cultural history. Founded in 1545, Potosí's importance as a great silver mining center resulted in the unprecedented growth of the population of this colonial city, which became not only a significant marketplace but also a consequential artistic center for painting, sculpture, and silverwork. By the year 1600, Potosí had become the largest city in the Americas and one of the largest cities in the world.

The exhibition seeks to illuminate this fascinating story by presenting magnificent works of art created in the seventeenth and eighteenth centuries, when Potosí's sophisticated artistic schools flourished. Since then, Potosí's mines have yielded diminishing wealth and the city has slowly declined. Although little known outside of Bolivia today, Potosí was recognized by UNESCO in 1985 as a World Heritage Site.

This project is of special significance to the Americas Society, whose mission is to foster a broader understanding and appreciation of the rich cultural heritage of Latin America, Canada, and the Caribbean. The Americas Society is honored to have had the opportunity to collaborate with the Fundación BHN in the organization of this project.

Potosí: Colonial Treasures and the Bolivian City of Silver has been made possible by the commitment and support of many individuals in Bolivia and the United States. We thank first the Bolivian Ambassador-at-Large, Fernando Romero, for his perseverance and enthusiasm during the realization of this project. Barbara Duncan, a scholar of colonial Latin American art and a longtime friend of the Americas Society, must also be singled out for her dedication and generous support. We are extremely grateful to Anabelle Mariaca, Cultural Attaché of Bolivia in the United States, who has provided spirited leadership and invaluable assistance in raising funds for the exhibition and catalogue.

We wish to thank the exhibition's two curators, Pedro Querejazu, Director of the Fundación BHN in La Paz, and Elizabeth Ferrer, Director of the Austin Museum of Art in Texas. The Americas Society acknowledges the great dedication, scholarship, and enthusiasm that both curators have brought to the organization of this project. They received invaluable advice and assistance from two of Bolivia's foremost scholars, Teresa Gisbert and José de Mesa, who, along with Pedro Querejazu and Laura Escobari, have contributed the scholarly essays on Potosino history, culture, and art that fill this catalogue. We greatly appreciate the curators' and authors' hard work and commitment to making this project a success.

We are extremely grateful for generous contributions from individuals, foundations, and corporations in Bolivia and the United States. Welcome support was received from The Assael Foundation; Mr. and Mrs. Simón Avilés; Mr. and Mrs. John E. Avery; Mr. and Mrs. Charles F. Barber; Mr. and Mrs. William Barnett; Bolivian Power Company/Compañía Boliviana de Energía Eléctrica S.A.; COMSUR/Compañía Minera del Sur; Citibank, N.A.; Cyprus AMAX Minerals Company; Mr. and Mrs. John C. Duncan; Alan C. Greenberg Foundation, Inc.; The Huber Family Foundation; Mrs. Samuel Lefrak; Lloyd Aéreo Boliviano, S.A.; Mr. and Mrs. Alberto Mariaca; Mr. Kristian Mariaca; Mr. and Mrs. Hugo Mariaca; NRG Energy, Inc.; Mr. and Mrs. Andrés Romero; Mr. and Mrs. Fernando Romero; Mr. and Mrs. Fernando Romero, Jr.; The Reed Foundation, Inc.; and the Soft Drinks Services Company.

Special thanks are due to David Rockefeller for his constant encouragement and support for the cultural programs at the Americas Society. Robert Mosbacher, Charles Barber, John Duncan, Marifé Hernández, Robert McCormack, Susan Garner, and Craig Duncan, are gratefully acknowledged for their assistance in helping to secure funds for this project. We also wish to thank Fernando Cossio, Ambassador of Bolivia to the United States; Gastón Canedo, Deputy Consul of Bolivia, Consulate of Bolivia in New York; Yolanda Garza Lagüera; Mary McFadden; Jane Gregory Rubin; Daisy Soros; and Lee Copley Thaw for their support.

We are extremely grateful to every individual and institution that has lent works of art to the exhibition. Our gratitude is extended especially to those in Bolivia. In La Paz we thank Ms. Mónica Ballivián de Gutiérrez; Mr. and Mrs. Carlos Iturralde Ballivián; the Museo de Arte Sacro de la Catedral de La Paz, Mr. José de Mesa, Director; the Museo Nacional de Arte, Ms. Teresa Villegas de Aneiva, Director; Mr. and Mrs. Pedro Querejazu; Mr. and Mrs. Fernando Romero Moreno; and Mr. Antonio Viaña Antelo. In Potosí we gratefully acknowledge the participation of the Convento de San Francisco, Eugenio Natalini, O.F.M., Guardian of the Convent; the Convento de Santa Teresa, the Reverend Mother Prioress and Sister Teresa del Amor; and the Museo de la Casa Nacional de Moneda, Mr. Wilson Mendieta Pacheco, Director. In Sucre, we appreciate the participation of the Convento Franciscano de La Recoleta, Reverend Father Juan Carlos Calderón, O.F.M., Guardian; the Iglesia de San Francisco, Reverend Father Jan Kukla, O.F.M.; and the Museo de Arte Sacro de la Catedral de Sucre, Most Illustrious Monsignor Arístides Espada, Dean of the Metropolitan Chapter. In Santa Cruz, we extend our gratitude to the Museo de Arte Sacro de la Catedral de Santa Cruz de la Sierra, Ms. Anita Suárez V. de Terceros, Director. In the United States, we thank Dr. Arnold L. Lehman, Director, the Brooklyn Museum of Art, and Roberta and Richard Huber.

We acknowledge the valuable assistance and support of the Office of the President of Bolivia; the Bolivian Ministry of Culture; the Archbishops of La Paz, Chuquisaca, Santa Cruz, and Potosí; and the higher authorities of the Catholic Church in Bolivia.

We are proud to present the catalogue accompanying this exhibition for its documentation of Potosí's rich history and must thank the authors, Laura Escobari, Teresa Gisbert, José de Mesa, and Pedro Querejazu for the essays they have contributed to it. We thank Pedro Querejazu and Justin Van Soest for photographs of the art objects that illustrate this book. This book's editor, John Alan Farmer, must be singled out for his tireless efforts and skill. For other publication assistance, we thank the translators, Deanna Heikkinen, Ilona Katzew, and Ana Maria Simo; and publication coordinator Regina Smith. Finally, for his tremendous abilities, we gratefully acknowledge the efforts of graphic designer Russell Hassell.

During the exhibition, various programs will be presented to highlight the work of prominent scholars of colonial Latin American art and deepen our viewers' appreciation of Potosí's rich history. We thank the following scholars for their involvement in the public lectures and panel discussions: Marcus Burke, Teresa Gisbert, José de Mesa, Kenneth Mills, and Pedro Querejazu. We are indebted to Roberta Huber for help in providing tours and training docents, and to Nelly Vuksic for organizing a program of choral music that was performed in Potosí during the colonial period. And lastly, a word of thanks to Diana Fane, Chair of the Department of the Arts of Africa, the Pacific, and the Americas, and Deborah Schwartz, Vice Director of Education, Brooklyn Museum of Art for the guidance given during the organization of these programs.

I wish to extend my deep appreciation to the dedicated staff of the Americas Society who with their intelligence, hard work, good humor, and considerable diplomatic skills made this project a success: Elizabeth Beim, Senior Director, Cultural Affairs; Regina Smith, Visual Arts and Education Programs Administrator; Joseph R. Wolin, Associate Curator; Cecilia Lizárraga, Exhibition Coordinator; Enoc Pérez, and Susan Garner, interns. Thanks also to Martha Walmsley for her help in translating and to Linda Strong Friedman for her help in coordinating the music program. Finally, I wish to acknowledge the members of the Americas Society's Visual Arts Advisory Board for their valued support and guidance.

Everett Ellis Briggs, *President*

Introduction

Pedro Querejazu

With Christopher Columbus's arrival in America in 1492, the European settlement of the New World began. During his third voyage to the New World, which commenced in 1498, Columbus became the first European to explore the northern coast of South America. The Spanish conquistador Francisco Pizarro subsequently led the conquest of this vast continent. In 1529 he and Diego de Almagro reached the river Virú, from which the word Peru is derived. In 1532 they entered the city of Cajamarca, where they captured the Inka ruler, Atahualpa. In 1533 Pizarro executed Atahualpa, entered the city of Cuzco, the seat of the Inka empire, and named Tupac Amaru, who had also been captured, ruler. Pizarro then consolidated Spain's administration of the lands formerly controlled by the Inka. Some time later, however, he and Almagro disputed over the control of these territories and their riches. The King of Spain granted Almagro the area that roughly corresponds to present-day Bolivia. Almagro traveled throughout the region in 1535, but never found the treasures he had imagined. Frustrated, he returned to Lima, by way of Salta and Atacama, without ever knowing that the lands the king had awarded him contained the largest silver mine in the world: Potosí.

Following Almagro's death, Gonzalo Pizarro (Francisco Pizarro's half-brother) and Pedro de Anzúrez mounted an expedition through the region in 1538 and founded the city of La Plata (which was renamed Sucre in 1840). They also undertook the first incursion to the east, in search of El Dorado, the mythical city of gold. The founding of Cochabamba in 1542, La Paz in 1548, Santa Cruz de la Sierra in 1560, and Tarija in 1574 followed. Potosí was officially established by Viceroy Francisco de Toledo in 1572, although it had served as an urban-industrial center since 1545, the year in which rich veins of silver were discovered.

Shortly after occupying the New World, the Spanish Crown had organized an extensive administrative and gubernatorial system. It initially established two large viceroyalties: New Spain in Mexico (1533) and Peru in South America (1542). Each viceroyalty was governed by a viceroy, a direct representative of the king with legislative, governmental, fiscal, judicial, military, and ecclesiastical power. Comprised of a president and five or more judges, the *audiencias* (royal tribunals) were instruments of justice, subject to the authority of the viceroys. The audiencias shared some governmental and supervisory functions with the viceroys and thus enjoyed a certain degree of autonomy and pre-eminence within the viceroyalties.

During the sixteenth and seventeenth centuries, Peru was the only Spanish viceroyalty in South America. Initially more extensive than New Spain, it encompassed the entire South American continent (with the exception of the Portuguese territory of Brazil) and included the presidencies of Panama, New Granada, Peru, Chile, Charcas, and the territory of the Rio de la Plata. In the eighteenth century, the Viceroyalty of Peru was divided into three: the Viceroyalty of New Granada, established at Santa Fe de Bogotá in 1717, included the area that is now Venezuela and Colombia; the Viceroyalty of La Plata, established at Buenos Aires in 1776, included the area that is now Argentina, Paraguay, Uruguay, and Bolivia; after 1776, the Viceroyalty of Peru proper was reduced to Ecuador, Peru, and Chile.

Cities in the viceroyalties were governed by *cabildos*

(municipal councils). Land was distributed among *encomenderos* (Spaniards with the permission to use Indian labor and to receive tribute). Some lands remained in the hands of the original Indian residents in the form of *reducción* (reduction). Reduction forced Indians from all over the territory to move into towns. Before the arrival of the Spanish, Indians generally did not live in towns, but rather in small groups of families called *ayllus* (communities). They only went to town occasionally to exchange food or other goods. The purpose of reduction was to gain better control over the Indians who lived in the countryside and did not belong to an *encomienda*. *Padrones Generales* (censuses) registered the Indians in the towns and in the countryside to control the tribute they were required to pay to the Crown. This was collected by a *corregidor*, who also served as a judge and whose position was superior to that of the local authorities. Because of the infinite number of abuses the *corregidores* committed against the Indians, they were a flaw in the Spanish system of control.

In 1544 the Audiencia of Lima was created, and the entire continent was placed under its jurisdiction—with the exception of New Granada, which was annexed to Santo Domingo (now the Dominican Republic and Haiti)—until 1549, when the Audiencia of Santa Fe de Bogotá was established. The Audiencia of Lima was subsequently divided into several audiencias. In the Andean region, the Audiencia of Charcas was established in 1550 and the Audiencia of Quito in 1563. The Audiencia of Buenos Aires, created in 1661, had jurisdiction over the provinces of Paraguay and Tucumán. The final audiencia was established in Cuzco in 1787.

The seat of the Audiencia of Charcas was the city of La Plata or Chuquisaca. Its territory, also known as Upper Peru, included the area that was called Collasuyo by the Inka and Collao by the Spaniards, which encompassed the highlands to the east and the south of Lake Titicaca. In the region of Potosí, the audiencia extended through the Valley of Atacama to the Pacific Ocean and the ports of Cobija and Mejillones, which were natural outlets to the sea from the southern highlands and Potosí. To the north and east, the tropical lowlands included the large rivers in the regions of Moxos and Chiquitos, up to the border with the Portuguese lands of Brazil.

The Audiencia of Charcas was annexed to the Viceroyalty of La Plata in 1776, which increased the political and economic power and importance of Buenos Aires and eliminated Lima as head of the territory. When Buenos Aires won its independence from Spain in 1810, resulting in the establishment of the Republic of Argentina, the Audiencia of Charcas was annexed again to the Viceroyalty of Peru. Peru and Bolivia were declared independent in 1821 and 1825, respectively, with the latter founded roughly from the territories of the Audiencia of Charcas. Since many of these territories did not have set boundaries, the borders between Bolivia and neighboring countries were in flux for more than a century and a half.

The bishopric in charge of the ecclesiastical administration of Charcas, created in 1565, had its seat, as did the audiencia, in the city of La Plata. In 1605 the bishoprics of La Paz and Santa Cruz, subject to that of Charcas, were created, and in 1607 Charcas was elevated to the rank of an archbishopric. In addition to the secular clergy that was directly dependent on the bishops, numerous religious orders participated in evangelizing the Indians, attending to the sick, pursuing their own activities, and sponsoring the arts. The religious orders were more or less independent from the authority of the bishops and operated by their own rules, but they were subject to the authority of the viceroys. They included the Augustinians, Bethlehemites, Carmelites, Dominicans, Franciscans, Jesuits, and the brothers of St. John of God. Only female contemplative orders, including the Augustinians, Carmelites, Conceptionists, and Franciscans, were permitted. Of the preaching orders, only those interested in the evangelization of the Indians and those that attended the hospitals were allowed in the Audiencia of Charcas.

In 1624 the University of San Francisco Xavier of Chuquisaca, the only university in the Audiencia of Charcas, was founded in La Plata under the tutelage of the Jesuits. It was a great center of higher learning and intellectual activity, with studies in astronomy, physics, mathematics, metallurgy, law, and theology. In the second half of the eighteenth and the nineteenth centuries, the university played an important role in the fomentation of revolutionary ideas that led to the formation and independence of the countries of the Southern Cone.

During the sixteenth century, after the initial impact of the conquest, and once civil as well as religious administrations were established in the territory, centers of artistic production began to emerge in the cities and villages of the audiencia. Although numerous European artists lived and worked in these centers, the art produced there ultimately acquired unique local and regional characteristics. This was true for Peru, as well as for Bolivia. In Peru, the Cuzco School of painting is the best known, but Lima, Arequipa, and Trujillo were also artistic centers with schools of their own.

In the second half of the seventeenth and the eighteenth centuries, several artistic centers in the Audiencia of Charcas became distinguished. In painting, the Collao or Lake Titicaca and the Potosí Schools were recognized for their technical quality and thematic and conceptual originality. Spanish art had the strongest influence on the art of Potosí, whose painting was characterized by a tenebrism and realism that originated in the city of Seville. Artists who worked in Potosí typically portrayed a world of asceticism, spiritual absorption, penance, and profound faith that brings to mind the unperturbable stoicism of the Andean Indians, and which was in profound contrast with Baroque extravagance. In the Collao or Lake Titicaca School, the originality of Bolivian art emerged for the first time. Painters from this region produced ostentatious compositions on large canvases; they favored the representation of luxury in clothing and jewelry, intense coloring, and anecdotal detail. In addition, they developed subjects that, though inspired by European engravings, were culturally distinct: an American mestizo art. Typical subjects included scenes from the Old Testament, series of images of prophets and sibyls, and moralistic themes such as the Last Judgment and the vicissitudes of the soul in hell or heaven.

Other subjects were also quite popular. Inspired by Baroque religious plays, the Triumphs represent allegories of the triumph of Catholicism over heresy, as well as the triumph of the Virgin Mary and the Eucharist; important examples of Triumphs can be found in the churches of Guaqui and San Francisco in La Paz. The *Vírgenes Triangulares* (Triangular Virgins) are paintings that represent statues and depict them on altars adorned with candlesticks, vases, and drapery; syncretic figures that conflated the Virgin Mary with

Pachamama, the indigenous earth-mother goddess, such as the Virgins of Pomata and of Copacabana, were also popular.[1] The famous *Arcangeles Arcabuceros* (Harquebusier Archangels) series of angels and archangels also exemplify cultural syncretism, in that natural phenomena or Indian deities are personified as angels or manifestations of the power of God—and even more interestingly, dressed in the fashion of military captains, officers of the civil guard, and seventeenth-century gentlemen.[2] Also common are representations of Santiago Matamoros (Saint James the Moor-Slayer) that combine the apostle Saint James and Illapa, the pre-Hispanic deity of lightning.

The sober sculpture produced in the Audiencia of Charcas, which concentrated exclusively on the human form was developed by two groups of artists, each with distinct aesthetics: indigenous artists based in workshops such as those of the Copacabana-Juli and the La Plata Schools, and European artists from the Potosí School, among others. Centers for the production of altarpieces and wooden architecture included the highlands around La Paz and Lake Titicaca; La Plata and Potosí; Cochabamba, where the Master of Arani was based; and the missions in Chiquitos, where the Jesuit Martin Schmid was active in the region between 1735 and 1767. Rich, inlaid wood furniture was also produced in the missionary centers of Moxos and Chiquitos, while in the highlands, especially in La Paz and Potosí, furniture was always polychromed. Sophisticated silverwork developed in the highlands and in Potosí. In addition, textile production in Potosí, La Plata, and the highlands was important, as much for luxurious fabrics as for cloth woven for daily use. Finally, La Plata was a prominent center for the composition of music, rivaling Lima, and the Jesuit missions in Moxos and Chiquitos were also important musical centers.

The prestige of Potosí and its mountain of silver, which provided many of the funds for the production of art, spread throughout the world very quickly. The fame generated by those who had witnessed its wealth was exaggerated by three centuries of chroniclers and poets. In Spain, Miguel Cervantes coined the phrase, *Vale un Potosí* (It is worth a Potosí). In England, dictionaries of the period defined the name of the city as a synonym of opulence: "as rich as Potosí." And in France, Denis Diderot cited Potosí as an example of wealth in his famous *Encyclopédie*. Finally, several cities were named after Potosí, including two in Argentina, four in Brazil, eight in Colombia, two in Nicaragua, two in Mexico, two in the United States, and one in Spain (some were associated with silver mining, such as San Luis Potosí in Mexico).

The city's population increased rapidly from 1542 and the discovery of the silver veins to the peak of silver production in 1600, when there were 160,000 inhabitants. The majority of the population was comprised of Indians (of various ethnic groups) from the provinces obligated to the *mita*, a system of forced labor with roots in the pre-Hispanic past. There were also mestizos and Spaniards, as well as Europeans of other nationalities: Dutch, Flemish, German, Greek, Italian, Portuguese, and so on. In addition, Africans and mulattos also lived and worked in Potosí. Together, these diverse peoples formed a mixed and complex group, and Potosí remained the largest and most populous city in the Americas for a long time.

The sixteenth century, and perhaps the first decades of the seventeenth, was the major period of silver production in Potosí. The first veins located produced unprecedented quantities of ore with a very high index of purity. From that time on, production slowly declined. Although new mines with large amounts of silver were occasionally found, this became less and less frequent. With time, however, improvements in technologies for metal extraction and purification compensated for the decrease in production.

During the eighteenth century, the production of silver was not even a shadow of what it had been in the sixteenth century. Nevertheless, this was a period of great splendor for Potosí: churches were reconstructed or renovated; new altarpieces were produced; paintings, sculptures, and silver objects were commissioned; and celebrations, as the chronicler Bartolomé Arzáns de Orsúa y Vela describes them in his *Historia de la Villa Imperial de Potosí* (1737), were lavish.

During the long War of Independence (1810–25), the treasury of Potosí was depleted. By then silver production was very low, and Potosí had become a small and quiet city that survived on the memories of past wealth. Nevertheless, the mountain continued to produce silver, and the city continued to be renowned. At the end of the nineteenth century new mines were discovered that produced a brief resurgence of wealth with which the first railroads were constructed in Bolivia. But Potosí's past glory had begun to fade. It was geographically isolated from cities in other countries. Nickel was frequently being added to the alloy used to mint currency, which over the long term reduced the value of silver. And the circulation of paper money, which totally eliminated the need for silver for minting coins, gradually increased.

Along with silver, the Potosí mines also produced tin and lead. At the beginning of the twentieth century, the rise in the value of tin sustained the city's economy. When the mines belonging to large Potosí companies were nationalized in 1953, however, production fell drastically. The population of the city has declined more in the last forty-five years than in the preceding two hundred; in 1982 the number of inhabitants was only twenty thousand. Today, modern technology for working discarded ore and strip mining on the back part of the mountain has generated new wealth, which may strengthen the economy of Potosí and Bolivia for many decades to come.

In the last four decades, local and national authorities have made significant efforts to preserve the city and its monuments. Funds from national and regional government agencies, monies channeled through UNESCO, and donations from Spain and from private organizations have contributed to this endeavor. In the last fifteen years restorations have been completed on the tower of the sixteenth-century church of Santa Barbara, the oldest building in Potosí; the churches of Santo Domingo, San Lorenzo, La Merced, Jerusalén, and San Bernardo; the Convent of Santa Teresa and its works of art; the parish church of Copacabana; the tower of the church of the Compañia de Jesus; and the church of Belén, which has been converted into a theater. In recent years efforts have been made to maintain the lagoons of the great canal of La Ribera and the Ingenio del Rey (King's Refinery). Individual works of art have also been preserved; several objects, in fact, have been restored for the exhibition which this catalogue documents, and will ultimately be returned to museums in Potosí. In 1988 UNESCO declared the area of Potosí, comprised of the city, La Ribera, the ingenios, what is left of the thirty-two lagoons, and the mountain itself, a Cultural and Natural Heritage for Humanity site. This designation has attracted the world's attention to the importance of the historical and cultural value of Potosí.

The exhibition *Potosí: Colonial Treasures and the Bolivian City of Silver* presents works related to the renowned Potosí Schools of painting, sculpture, and silverwork. Its ultimate objective is to contribute to the recovery of the memory of Potosí, so that its artistic legacy will be more widely recognized and appreciated throughout the world.

Translated by Deanna Heikkinen

Notes
1 See Barbara Duncan, "Statue Paintings of the Virgin," in *Gloria in Excelsis: The Virgin and Angels in Viceregal Painting of Peru and Bolivia* (New York: Center for Inter-American Relations, 1985), pp. 32–57.
2 See Teresa Gisbert, "The Angels," and Julia P. Herzberg, "Angels with Guns: Image & Interpretation," both in *Gloria in Excelsis*, pp. 58–63, and 64–75, respectively.

Potosí: Social Dynamics, Labor, and Mining Technology

Laura Escobari

THE DISCOVERY OF THE MINES
AND THE FOUNDING OF THE CITY

Spaniards first entered the territory that is now Bolivia in 1535 on an expedition led by the conquistador Diego de Almagro, but they did not find any precious metals and left only a settlement in Paria. Ten years later the Spaniards discovered silver in Potosí and quickly established mining camps there, as well as in neighboring Porco, Chuquisaca, and other locations. In the area around the Cerro Rico (Rich Hill) in Potosí were two existing Indian settlements with close to 2,500 inhabitants who were hospitable until they were forced to construct houses for the Spaniards. Ninety-four houses were initially built in the driest areas around a lagoon, but as the population grew, the water was drained, and the lagoon was filled with dirt; it became the best location for the city. In 1561, Potosí's leaders sent 40,000 pesos to Lima to obtain an exemption from the jurisdiction of the Audiencia of La Plata and the right to officially found the city. The Viceroy Diego López de Zúñiga y Velasco, Conde de Nieva, decreed that from that time on the city was to be called the Villa Imperial de Potosí and that it would be governed by two mayors and six councilmen to be elected each year.

The population of Potosí grew rapidly. Later settlers began to build houses so quickly that the streets became irregular and disorganized. On his visit to Potosí in 1572,

Viceroy Francisco de Toledo ordered the reorganization of the city's urban plan, and the construction of a canal along the city's length, which would be used by the *ingenios* (silver refineries). This canal, called La Ribera, divided the city into two sections: the Spanish neighborhoods were located on its west side and the Indian ones on its east. By 1603 Potosí had become one of the most populated cities in the world, with 160,000 residents including 66,000 Indians, 40,000 Spaniards from the peninsula and other foreigners, 35,000 creoles (Spaniards born in the New World), and 6,000 Africans.

The Spanish colonial presence on the rich slopes of the Cerro Rico in the desolate and barren Andean highlands gave rise to an unusual city, which today evokes an atmosphere of distant greatness. The Villa Imperial de Potosí was under the jurisdiction of the Audiencia of Charcas and the Viceroyalty of Peru. Consequently, all the riches that the Spaniards found belonged to the Crown, in line with the prevailing economic policy of mercantilism. Indeed, exploitation of silver in the Potosí mines had a profound impact upon the economy of the Western world. In the eighteenth century, the Spanish chronicler Bartolomé Arzáns de Orsúa y Vela had the foresight to record the most fascinating and incredible stories of occurrences in the Villa Imperial. He documented in particular the social effects of the magnificent

Fig. 1 GASPAR MIGUEL DE BERRÍO
Descripcion de Zerro Rico ê Ymperial Villa de Potosi (Depiction of the Rich Hill and
the Imperial City of Potosí), 1758, oil on canvas, Museo Charcas, Sucre, Bolivia.

Fig. 2 GASPAR MIGUEL DE BERRÍO
Detail of figure 1 showing system of canals,
dams, and lagoons.

riches extracted from the mines, which simultaneously generated an economic boom as well as great turbulence.

The Catholic church arrived in Peru along with the conquistadors. In the sixteenth century Augustinians, Dominicans, Franciscans, Jesuits, Mercedarians, and others founded so many churches and convents in Potosí that in 1578 Viceroy Toledo wanted to expel the Jesuits, the last to arrive, claiming that the city was already saturated with religious orders. He argued that the orders were more interested in finding placid and comfortable locations for their priests, than in spreading the faith and converting the natives. Nevertheless, nothing could stop the Jesuits, who settled in Potosí and established several farms for crops, as well as for cattle and sheep, two vineyards, and even an ore-grinding mill.

The conversion of the Indians was expedited by the foundation of a parish for each Indian neighborhood, where the Indians were baptized and registered. For their part, the wealthy Spanish, and even some mestizos and Indians who had acquired wealth through mining, felt the need to strengthen their faith in the divine and in protective patron saints as a result of the extreme vicissitudes of life during that time. It must not be forgotten that Potosí was continually plagued by droughts, floods, and epidemics, which encouraged its citizens to turn toward certain saints known for miracles. Images of Saint Ignatius of Loyola, the patron saint of the city, for example, were removed from churches for processions to stop epidemics. Indeed, the religious orders and the secular clergy were great art patrons who used art as a tool for indoctrinating the Indians and the population in general.

SILVER PRODUCTION

Viceroy Toledo strongly supported the mining economy through the regulation of mining and the *mita* system, which resulted in a notable rise in the production of silver at the end of the sixteenth century. Silver production reached its apogee around 1650. Between 1570 and 1650 Potosí produced more than half of the silver in the world, a significant contribution to the Spanish economy. Because of silver from Potosí, Spain was even able to import Asian products without throwing off its balance of trade.

Most historians of Potosí have attempted to calculate the value of the silver extracted from the mines, excluding, of course, what was smuggled out. All the owners of mines and ingenios in Potosí—called *azogueros* (amalgamators)—had to pay a fifth of their production to the Spanish Crown. In 1632 the chronicler José de Acosta stated that 3,010,000 pesos had been extracted. In his *Historia de la Villa Imperial de*

Fig. 3 Lake Chalviri in the Cari-cari highlands, Potosí.

Fig. 4 Lake San Ildefonso at full capacity, as seen from the main dam, Potosí.

Fig. 5 Intermediate dam with central chapel, Lake San Ildefonso, Potosí.

Potosí (1737) Arzáns de Orsúa y Vela wrote that Viceroy Toledo determined that 76 million pesos were sent to Spain up until the year 1575 and another 40 million between 1665 and 1705. Analyzing figures recorded in the account books, the historian Lewis Hanke concluded that the Crown received 151,722,647 pesos and that the miners received 820,513,893 pesos between January 1556 and December 1738.[1]

Silver was worked or refined in ingenios established along La Ribera, the canal that ran through the center of the city. Each ingenio contained all the equipment needed for grinding and refining silver ore. The ore was refined in the following manner: a wheel about eighteen feet (5.5 meters) in diameter operated sledge hammers that ground the ore, which was then shaken through sieves to separate finely ground from coarse ore. The ore was then laid on a stone patio, where it was mixed into an amalgam of water, salt, and mecury. As the historian Enrique Tandeter observed, after four or five weeks, "the concoction was washed through a canal with a series of holes the bottom from which hung animal skins that caught the amalgam of metal and mercury. The mercury was then separated out from the amalgam, first with pressure, then with heat. The end result was a chunk of pure silver called a piña."[2] The first mills were powered by hand, foot, and horse, but eventually hydraulic mills were used in the Valley of Tarapaya, as well as in Potosí. Arzáns de Orsúa y Vela stated that Viceroy Toledo ordered the construction of four ingenios in Potosí, because the slope of the hillside seemed like an ideal location.

Construction of ingenios required much iron and wood, resources that were both expensive and difficult to obtain. Iron, transported from Vizcaya in Spain, was one of the most expensive and sought-after resources in the colony; the Crown commanded that no ship could leave Spain without taking at least a thousand *quintals* (100 pounds or 46 kilograms). Logs were transported from Guañona in Chuquisaca, sometimes at distances of many miles, by oxen and on the shoulders of Indians; a log 21 feet (6.4 meters) long and two feet (60 centimeters) wide was worth five hundred pesos. The *castillos* or frameworks of the machinery were made from thick beams of wood, as were the *camones*, curved components that formed the two rings or rims of the hydraulic wheel.

Visitadores, inspectors who made the rounds by order of

the viceroys, judged the caliber of the individual ingenios, which were private property. The importance of each was determined by the number of pestles, silver-smelting blast furnace boxes, tubs, buddles, and screens or sifters it had. Visitadores also took into account the profits the ingenios' owners derived from their initial investment. It was common for the owners of the mines and ingenios to contract a third party to take charge of refining the ore; in such cases in the sixteenth century, the owner of the ingenio received six and a half *tomines* per quintal of refined silver in rental fees. Moving ingenios was common practice; all the wood was simply disassembled and transported to a new location.

The municipal council of Potosí continually created incentives to encourage the development of new technologies that would improve silver-ore refining. Among the more unusual machines were devices used to overheat volcanic stones from Tarapaya, and small furnaces with twenty-four lidded jars (regular furnaces had four uncovered jars). In addition, horse manure, as well as a weed known as *margasita blanca*, was used to stoke the fires in the furnaces; this weed gave the flames the appearance of gold as the temperature increased. Of course, not all the technologies proposed were feasible.

In 1573 Viceroy Toledo ordered that silver be purified by amalgamating it with mercury discovered in the mines of Huancavelica in 1566. This represented a shift from the pre-Hispanic system, which used *huayras* or wind-activated smelters; eventually more than six thousand huayras were replaced by hydraulically powered ingenios, in which silver was amalgamated with mercury. This fundamental step in silver refining was introduced in Potosí by Don Pedro Hernández Velasco in a form similar to the one used in Mexico by the miner Bartolomé de Medina. In his treatise *Arte de los metales* (1640), the Potosino scientist Álvaro Alonso Barba described the procedures used in Potosí to refine silver: "From mercury's essence . . . nature has created this substance so uniform, with such perfectly united parts, that not even fire, its greatest rival (contrary to what is popularly believed) is powerful enough to divide it, to corrupt and destroy it, as it evidently can with other metal substances in the world, besides gold and silver. Mercury maintains its essence in fire, if the circumstances are correct."[3]

Fig. 6 San Marcos refinery, Potosí. In the left foreground is the *castillo*, the tower that held the hydraulic wheel, which was powered by water from La Ribera canal, at the right.

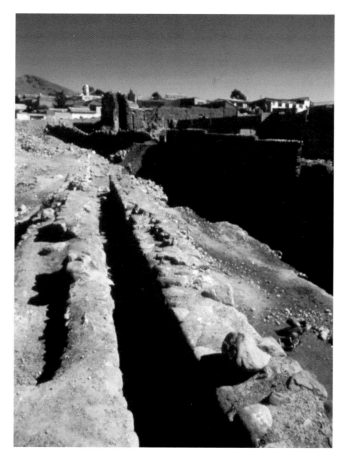

Fig. 7 Water channel of the *castillo*, San Marcos refinery, Potosí. Another *castillo* can be seen in the background.

Fig. 8 Ore-grinding machinery, San Marcos refinery, Potosí.

LABOR IN THE MINES
AND THE INGENIOS

The need for laborers to work in the silver mines and ingenios in Potosí became increasingly acute. During the first years of the exploitation of the mines, the Spanish used the mita system, which was based on the pre-Hispanic concept of obligatory work performed in shifts, separated by intervals of rest, for the benefit of the community. Although obtaining Indian workers was initially not a serious problem, as time passed the number of mines increased as the population decreased because of diseases introduced by the Spanish and poor working conditions. It is assumed that until 1573 the Indians worked voluntarily or at least in exchange for a fair wage. Nevertheless, as early as 1544, when Viceroy Blasco Núñez de Vela introduced the New Laws, which prohibited the use of free labor, a labor shortage occurred. While the New Laws did not affect the Indians who worked in the mines, they did serve as a political catalyst for the civil wars that

broke out between the first groups of Pizarristas and Almagristas—individuals who were loyal respectively to the conquistadors Francisco Pizarro and Diego de Almagro.

Viceroy Toledo inaugurated the colonial mita system in 1572. All Indians between the ages of eighteen and fifty who lived in sixteen provinces of the viceroyalty were required to work on a rotational and compulsory basis. These provinces were: Azángaro, Asillo, Carangas, Cavana, Cavanilla, Chayanta, Chucuito, Omasuyos, Pacajes, Paucarcolla, Paria, Porco, Quispicanches, and Sica-Sica. Indians living in the jurisdictions of Cuzco, La Paz, Oruro, and Potosí were exempted from that service because they were required to fulfill obligations with the Spanish settlers in those cities. Visiting Potosí with jurists such as Juan de Matienzo and Polo de Ondegardo, who dealt with the issue of forced labor, Viceroy Toledo concluded that forcing the Indians to work in the mines was just and reasonable, as long as they comprised only a seventh of the total population. Through such decrees, an oppressive system was established in which the Indians were treated in a completely inhumane manner antithetical to the pre-Hispanic conception of the mita.

MULTI-ETHNIC MIGRATION AND
LABOR SPECIALIZATION

When the Spanish arrived in Upper Peru they found Aymara dominions divided into several ethnic groups. The chronicler Luis Capoche stated that the Aymara were divided into two large groups: the Urcus (from the west side of Lake Titicaca) and the Umas (from the east side). The Canas, Canchis, Carangas, Collas, Lupacas, Pacajes, and Quillacas belonged to the Western half, and the Caracaras, Charcas, Chichas, Chuis, and Soras, to the other half. The Spanish administration grouped them into sixteen provinces, whose inhabitants were obligated to work in the mines, and fourteen provinces whose inhabitants were exempt from this requirement.

With the colonial reinstatement of the mita, there arrived in Potosí an impressively multiethnic population. For example, in 1585, 860 *yanaconas* or specialized laborers belonging to sixty different ethnic groups were spread throughout the parishes of Potosí. These peoples arrived from the farthest reaches of the viceroyalty, even from beyond the sixteen provinces that were obligated to participate in the mita and the fourteen exempt from it. There were also migrations of Indians from as far away as Trujillo, on the northern coast of Peru, to Tucumán, in the territory that is now Argentina. In some cases Indians even came from Quito, Bogotá, and Mexico. The ethnicity of the *mitayos* (draftees) was recorded in the census lists the Spanish kept.

The recruiting system was established in the following manner: a chief, or recognized leader among the Indians, served as an intermediary between them and the colonial organization; he led his mitayos to Potosí. Many Indians took advantage of the slowness and difficulty of the journey to flee on the way. The fourteen provinces not obligated to the mita were full of Indians who had fled and settled to work as *forasteros* (foreigners). The mitayos were paid five pesos at the beginning of the trip, which lasted a month on average, but the expenses they incurred for food amounted to nine pesos. Later decrees allotted a daily salary of five *reales* a day. This lasted until 1630, the year the owners of the mines stopped paying the Indians' travel expenses altogether.

The historian Thierry Saignes and I have established that the recruitment of Indians for the Potosí mines took into account their degree of specialization or qualifications.[4] As a result, certain locations known for workers with certain skills were especially targeted for conscription. For example, the yanaconas, or laborers skilled in the manufacture of pots, textiles, and general carpentry, were recruited from among the Lupacas. Most of the yanaconas *huayradores,* or experts in the use of huayras, were recruited from among the Cuzco Indians, who were supposedly not obligated to the mita. Some ethnic groups revealed their trade specialization once they settled in Potosí. This was the case with the Pacasas, Lupacas, and Collas from the Lake Titicaca basin, who were recognized for their skill as *barreteros* (laborers who extracted ore with a small bar) and *apires* (ore gatherers). The Quilla-cas, originating from the southern area of Lake Poopó, and Aullagas were known, like the Lupacas, for the production and sale of pots and baked clay molds. The Uruquillas, who came from the southeastern area of Lake Poopó, were known for their skill in selecting good mineral from the trailings or

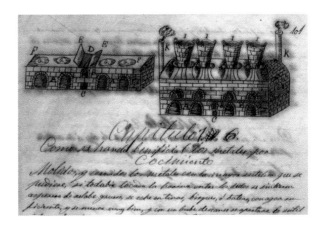

Fig. 9 ÁLVARO ALONSO BARBA
Como se hande [?] beneficial los metales por cocimiento. (Beneficial Method for Heating the Metal), from *Arte de los metales* (1640), manuscript copy of circa 1850, Archivo Nacional de Bolivia, Sucre, Bolivia.

Fig. 10 ÁLVARO ALONSO BARBA
De los hornos en que se apartan los metales y en que se refinan . . . (Furnaces in Which the Metals Are Separated and Refined), from *Arte de los metales* (1640), manuscript copy of circa 1850, Archivo Nacional de Bolivia, Sucre, Bolivia.

Fig. 11 ÁLVARO ALONSO BARBA
Cuadrado dentro del cual se entierran las ollas . . . (Enclosure in Which the Jars Are Buried), from *Arte de los metales* (1640), manuscript copy of circa 1850, Archivo Nacional de Bolivia, Sucre, Bolivia.

Fig. 12 GASPAR MIGUEL DE BERRÍO
Detail of figure 1 showing the mountain, trains of llamas bearing ore, and a religious procession with an image of the Virgin.

debris of the hill. The Caracaras from north of Potosí were renowned as woodcutters and specialists at obtaining combustible material for furnaces. Finally, some provinces not obligated to the mita received their social position by specializing in the cultivation of particular products. Such was the case of the Indians from the eastern valleys of what is today La Paz, who, according to Saignes, contributed corn to their chiefs.

Viceroy Toledo's ordinances established the conscription of three contingents of mitayos a year, each consisting of approximately 3,500 Indians ordered to work in the mines for a period of four months each. For the rest of the year they were free to contribute to transportation, road construction, or lagoon repair. In 1635, forced labor lasted twenty-three weeks a year without rest, night and day. In 1692 Viceroy Conde de Monclova established that the mitayos would work one week and receive two weeks of rest.

The Indians who arrived from the provinces destined for work in the mita were distributed among the parishes so that they would be separated as much as possible from their own ethnic group. Whether they were destined for a specific task or for a Spanish *encomienda* was decided ahead of time. Viceroys and legislators made periodic allocations following the procedure initiated by Viceroy Toledo, in order to make the work force directly benefit the silver-ore refineries rather than other areas. A certain number of common mitayos and a smaller number of skilled yanaconas were distributed to specially commissioned Spaniards (called *encomenderos de indios*) and were entrusted to work in the mines and ingenios. They were a scarce and greatly sought-after labor force. In 1785, for example, 860 yanaconas with special skills were in Potosí, meaning that only two could have been assigned to each encomendero. The specialized yanaconas were later called *mingas* or specialized voluntary workers. According to the historian Peter Bakewell, they earned between five and nine pesos (32 *reales*) a week in salary, while a common mitayo earned 2.75 reales. The most sought-after skill in the sixteenth century was that of *huayrador*, a laborer who knew how to use the huayra to purify silver.[5] With time, some mitayos who worked in the mines began to specialize in the use of the huayra and other skills. Then, when they completed the forced labor and returned to their places of origin, they were usually rehired by the same Spaniards to work as specialists along with the new contingent of recently arrived mitayos. Bakewell also mentions the existence of the "phantom worker"—the *indio de bolsillo* or *faltriquera*—a mitayo who avoided conscription by having his community pay the chief what he would have produced in Potosí had he submitted to the mita.

Other specialized jobs in Potosí were performed by *indios varas*, who worked in the mines in specific locations the size of a vara (2.8 feet or 85 centimeters). Inside the mine were *pallires* (laborers, including women, who selected and gathered the mineral), *barreteros* (mineral cutters), apires (transporters), *siquepiques* (who followed behind the apires cleaning up), and *pirqueres* (who prepared the wood for the internal supports of the shaft). There were also specialists who worked in the ingenios, such as the *indios morteros*, who loaded the ore for crushing, and the *tamiceros*, who sifted the crushed mineral and returned what was not sufficiently ground to the mortar.

Although there is little information about the difficulty of day-to-day labor in the mines, it is known that working conditions were so harsh and dangerous that mining was easily confused with punishment, since it was associated with darkness, humidity, lack of air, and the sensation of being trapped and of desolation.[6] Capoche stated that the apires ascended with their load from the interior to the mouth of the tunnel on long rope ladders made of three leather braids with wooden crosspieces; these ladders could be as long as 45 feet (fifteen meters). During his time, the mines were 975 feet (300 meters) deep, which necessitated a great number of ladders. The sacks used for ore transportation were simple woolen blankets knotted at the carrier's chest so that the load was carried on the back. The apires climbed the ladders in groups of three. The person in front carried a candle, which could be held on his forehead or little finger. The mitayos who worked the mines had to buy their own candles and spent one hundred pesos a year at the rate of four reales or half a peso a week; the cost of dyed sacks

or wool blankets is not known. The tunnels themselves were the width of a person. During the seventeenth century, they were more humid than in the sixteenth century because of the depth of the excavations; however, the rock was so compact that there were few cave-ins.

The true mortality rate inside the mines will never be definitively known. Safety regulations practically did not exist. In 1561 an order was issued to brace the shafts with wooden supports and specified that these supports were not to be removed under any circumstances. Another regulation required that ladders be sufficiently sturdy. The cost of hiring inspectors and royal officials to supervise safety inside the mines was subsidized by the mitayos themselves with a payment of a *grano* of silver a day, the equivalent of 0.09 reales; this payment was made exclusively by the mitayos, and not the yanaconas or the mingas. The inspectors' pay, which was approximately 1,560 pesos annually, came from this fund. In spite of these regulations, according to Capoche, some fifty Indians died in the hospital each year from injuries. That number excludes the Indians who were killed from cave-ins or falls while inside the mines, which Capoche calculated at twenty-five a year on average. Those who died from asphyxiation, infectious diseases, or silicosis, a lung disease, made that figure even higher.

When cave-ins or falls occurred, the Indians were subjected to punishment in the form of beatings and poor treatment in general. If an Indian was killed during punishment or because of excessive work, the Spaniard was fined 200 pesos and required to pay for a mass on the deceased's behalf. The fine for causing injury to Indians was 120 pesos. Apparently the Indians did not die so much from the poor working conditions inside the mines, as from overwork. The work day commenced half an hour after sunrise and ended at sunset, with only an hour at noon for rest and food. In the winter, because of the cold, the Indians who panned the ore in the mills worked only from ten in the morning to four in the afternoon, as the city awoke to a temperature of 5 degrees Fahrenheit (-15 degrees Celsius) and frozen water. During the rainy season, in the summer months, there were both day and night shifts; the work never stopped to take advantage of the rains.

Fig. 13 GASPAR MIGUEL DE BERRÍO
Detail of figure 1 showing the Spanish part of the city with various types of people, identifiable by their costumes.

PARISHES AND RANCHERÍAS

Viceroy Toledo ordered the Indian neighborhoods in the viceroyalty to be grouped into parishes separate from the Spanish neighborhoods. Thirteen parishes were founded along La Ribera, where the ingenios were set up. About three hundred mitayos and more than sixty specially skilled yanaconas were registered in the census list in each parish; the name of the chief in charge of the group was at the top of the lists. He was given the title *don* and the duty to govern the other Indians, as well as to ensure that they would present themselves to the assigned mita. The chiefs received sixty pesos for this work, which came from the taxes charged to the mitayos with whom they were entrusted.

In the sixteenth century, the majority of the mitayos lived in the *rancherías* or small settlements located between La Ribera and the mountain; settlements immediately surrounding the northern part of the city appeared at the beginning of the seventeenth century. According to the eighteenth-century plan of Potosí, the settlements that surrounded the city were Copacabana, La Concepción, San Benito, San Bernardo, San Cristóbal, San Juan Bautista, San Lorenzo, San Martín, San Pablo, San Pedro, San Sebastián, Santa Bárbara, and Santiago.[7]

In these settlements were large shed-like buildings, about 6½ yards (six meters) wide by 109 yards (100 meters) long, without interior divisions. According to the chronicler Reginaldo de Lizárraga, the Indians lived in these structures with their farm animals. However, Arzáns de Orsúa y Vela's description suggests that these structures were divided into small compartments for individual families that contained a stove, bed, and between eight and ten pitchers of *chicha* (an alcoholic beverage made of fermented corn).

Until recently, it was believed that from the sixteenth century on, the mitayos were assembled according to ethnic group within the parishes and rancherías. However, recent studies have shown that the municipal council avoided grouping Indians of the same ethnicity in the same parishes as much as possible, at least until the early seventeenth century, to keep them from establishing roots and securing individual or collective ownership of their dwellings. In the middle of the seventeenth century, the rancherías began to be inhabited by ethnic groups that gave rise to neighborhoods named after their parish churches that eventually came to be identified by the ethnic majority that inhabited them. These included San Lorenzo of the Carangas, San Martín of the Lupacas and San Sebastián of the Quillacas.

HEALTH AND NUTRITION

Before the arrival of the Spanish, the Indian diet consisted of potatoes, quinoa (a grain), *charque* (dried llama meat), corn, peppers, and legumes. As a result of living alongside the Spanish, in the sixteenth century the mitayos incorporated fresh meat and wheat bread into their diet. However, the wheat supply in the city could not sustain the whole population, so the municipal council prohibited its consumption by the Indians. In addition, it complained about the consumption of llama meat, which reduced the number of beasts of burden available to transport silver ore from the hill. The government of Potosí generally did not allow the establishment of *pulperías* (drinking establishments) in the rancherías in order to discourage the consumption of chicha and wine, which was often contaminated and caused illnesses and death; in addition, the Spanish insisted that Indians stole mercury and ore in order to buy the alcohol.

The frequent periods of drought in Potosí often created food shortages. The Spanish feared most that the Indians would flee the city because of the lack of food. At the end of the sixteenth century, the municipal council accordingly agreed with the viceroy to loan 150,000 to 200,000 pesos from the royal coffers to dispatch commissions to the valleys of Cochabamba, Tomina, and Mizque, among others, to purchase wheat, corn, potatoes, and other food products for the Spanish, as well as for the indigenous populations, of Potosí. The municipal council allotted one hundred mitayos for the transportation of provisions. According to the historian Carlos Sempat Assadourian, Potosí became a hub of the Peruvian economic area.[8] Substantial profits from the sale of agricultural and mining products brought revenue to the Indians. With these earnings, they paid tribute and in many cases gave a food subsidy for families with mitayos fulfilling the draft in Potosí. Saignes, who has studied the migrations of the Indians in the sixteenth century in the territory that is now Bolivia, has affirmed that the Indian communities or *ayllus* efficiently distributed their work force among agricultural, mercantile, and mining activities.[9]

In 1555 the first hospital of Potosí was founded on Calle de San Francisco, but it moved a year later to premises costing six hundred pesos in silver, next to the Plaza Mayor. The colonial lawyer and historian Pedro Vicente Cañete described this hospital, which was designated for both Indians and Spaniards, as Bethlehem Hospital; it was operated by the Bethlemites and supported by the mitayos, who paid a *tomín*, or half a peso, a year for its maintenance. Because of its location next to the Plaza Mayor, the residents of the city were forced to confront the sight of sick patients every day. The hospital of San Juan de Dios was founded at the beginning of the seventeenth century for the Spanish. Its first doctor was Licenciado Francisco de Lerma; the Viceroy in Lima later gave him the title of Doctor of the Hospital—a great public honor. De Lerma received fourteen Indians from the mita to work his private mines, in addition to his salary. *Barberos* (barbers) and *cirujanos* (surgeons) were designated to care for the Indian parishes and rancherías but a single barbero could be assigned to care for an entire parish. Injured Indians arriving from the mines died on a daily basis while under the barberos' care, and native advocates filled the municipal council with accusations against them at the close of the sixteenth century.

The high mortality rate among the Indians in Potosí in the first centuries of the Spanish presence resulted not only from hard labor, but also from epidemics of smallpox, measles, *bubillas*, and *tabardillo* (the last two were liver ailments, probably hepatitis). During epidemics, all the Spaniards with Indians working in the mines, mills, salt pits, and so on were required to donate a standard peso for each of their mitayos confined to the hospital. There were also charity collections of raisins, sugar, and other food products to give to the Indians in the rancherías. The municipal council named deputies to distribute sugar, lamb, raisins, bread, *chuño* (freeze-dried potatoes), and potatoes to Indians suffering from smallpox. On these occasions they tried to concentrate the sick Indians in specific parishes to contain the disease.

Throughout the seventeenth century the population of

Potosí diminished considerably as a result of several factors, causing what some historians have termed the crisis of the seventeenth century. This crisis was bound up with a decline in silver production after 1640. Avoidance of service in the mita in all of the obligated territories became an increasing problem. The Indians who lived in the provinces obligated to the mita migrated and registered in other provinces as forasteros. In addition, the morale of those who resided in Potosí was so affected by the frequent epidemics that many fled to the settlements in the valleys close to regions that were not obligated to the mita.

During this period, the Potosí government also became severely corrupt. The number of so-called ghost Indians, who sent a sum of money to their chief, in place of presenting themselves for work, increased. The institution of *avio*, or operating loans, which had existed since the end of the seventeenth century, was also extremely corrupt. Silver merchants who took out loans often held public positions, like treasurer of the royal coffers, but used the government's money for their own businesses. Powerful families created a strong network of fraudulent economic relationships with the Crown, while occupying key positions in the economic administration of Potosí.

IMPROVEMENTS IN PRODUCTIVITY IN THE EIGHTEENTH CENTURY

From the end of the seventeenth century, even as the population of Potosí diminished, the production of silver began to increase slowly, largely because of royal concessions. In the first place, although fewer mitayos were conscripted than in the past, the mita system was not abolished. It consequently continued to provide a permanent and steady labor supply for the azogueros. In addition, the Banco de San Carlos granted loans to purchase equipment to develop the deepest levels of the mines; this bank also purchased silver directly from the producers. Finally, once the mercury used to amalgamate silver had been depleted from the Huancavelica mines, it had to be imported directly from Almadén, Spain, at a subsidized price; however, the Crown agreed to study new techniques of refining silver at the lowest cost.

Nevertheless, according to Tandeter, the apex of silver production could not be attributed to these three changes, to technological innovations, or to the discovery of new silver ore.[10] On the contrary, while fifty *marcos* of pure silver per *cajón* (drum) of ore of fifty quintales was produced at the beginning of the seventeenth century, only eight marcos was produced in the eighteenth century. The ore processed during the seventeenth century was what had been left to waste at the entrances to the mines since the sixteenth century. In addition, mineral refiners no longer obtained ore from mine owners, but rather bought it from the small businessmen who managed groups of workers who selected discarded ore in abandoned mines that had become public property. If this served as an incentive to encourage the masses to work in the mines, mineral refining became a more complex and costly process. For this reason, steps were taken to bring before the Audiencia of La Plata and the Council of the Indies the issue of developing more sophisticated technologies to obtain the same purity of silver as had been obtained in previous centuries. The rise in the demand for precious metal in Europe made this issue even more pressing. During the first quarter of the eighteenth century, Potosí felt pressure from French merchants anchored along the Pacific coast at Atacama, who traveled to the city in search of silver ore to smuggle out.

Towards the end of the seventeenth century the scarcity of laborers became critical. There were always fewer mingas employed in the mines and the ingenios, and the municipal council was forced to allow the mitayos and their families to settle permanently in the city. The most skilled and sought-after laborers were the mingas barreteros who cut ore in the mines. But they began to demand advance payment for their work and often absconded with the money, thereby decreasing productivity. The owners of the mines and the ingenios became less personally involved in their businesses with time and increasingly entrusted the work to managers and foremen; however, they, like the mingas, missed work as well.

The weekends in Potosí were unique. Tandeter has stated that between Saturday afternoons and Monday mornings, both the free and the compulsory workers returned to their homes. Then the *kajchas* or mineral thieves—individuals from all social classes who, for whatever reason, had

Fig. 14 GASPAR MIGUEL DE BERRÍO
Detail of figure 1 showing the lower section of La Ribera canal with a series of walled refineries.

ended up in financial ruin—would invade the hillside to extract whatever silver ore they could find.[11] This ore was later refined in the rudimentary manual ore-grinding mills that had begun to proliferate in the city (Agustín Quespi, a "captain of kajchas," whose adventures are related in Arzáns de Orsúa y Vela's *Historia de la Villa Imperial de Potosí*, gained fame for acquiring substantial wealth in this way). The kajchas were known both as despicable thieves and as respectable outlaws. The word itself has always had this double meaning: on the one hand, there were those, like Quespi, who became rich enough to own mines and ingenios; on the other hand, there were those who were so poor they had to resort to robbery to survive. Led by a barretero, they traveled in gangs of four or five. They ultimately forced the owners of the mines and ingenios to take measures to prevent losses to their property, such as installing doors with bars at the entrances of the mines and hiring guards known as *pongos*. The word kajcha, which means "stone thrower," was given to these thieves because they often stoned the pongos as they entered the mines to steal ore. Women also resorted to robbing ore when they climbed the hill on Wednesdays to feed their husbands. The work of the kajchas came to be an independent sector of the mining

industry in Potosí. It has been estimated that in 1782 there were three thousand in the city. As the chronicler Concolorcorvo observed,

The legal decadence in the metal industry, or other causes, reduced this number (of Indians) to 3,500, that are here at the present time, most with their wives and children, bringing the number to more than 12,000 souls, that stay voluntarily and employ themselves in the honest activity of chalcas, and who are ore thieves that attack the mines at night, and remove the most precious material, since they are experts. They smelt it and take it to the bank that the King has set up for redemption, since it is true that these tolerated pirates recover more silver that the mine owners.[12]

The kajchas could be found in the Indian neighborhoods when they wanted to sell what they had stolen to the rudimentary mills. Since many of these mills were run by kajchas, they collaborated to obtain mercury by paying a weekly rental fee per pound. Since mercury could be recovered after the amalgamation of the silver, it was returned after being used. Illicitly obtained silver was sold to the Banco de San Carlos, which was established in Potosí to eliminate the *rescatadores* (raw silver traffickers) and private buyers, as well as to make loans to the azogueros for the purchase of mining equipment. The Banco negotiated a lower price for the silver produced illegally than that produced by the azogueros: the azogueros were paid seven pesos, four reales per marco of silver, while the kajchas were paid six pesos, four reales.

According to Tandeter, the colonial administration in the eighteenth century turned a blind eye to the production of silver supplied by the illegal mills, who received lumps of metal from the kajchas to be refined. This was a double infraction: on the one hand, they worked with stolen ore, and on the other they appropriated the remaining ore and mercury from the kajchas, which they later sold to the silver merchants. In 1725 there were twenty mills in Potosí; five years later there were over sixty.[13] The mills produced approximately twenty cases of fifty quintales (101 pounds or 46 kilograms), while ingenios produced 580 cases. Since their situation was semi-clandestine, the mills transacted with French merchants who smuggled silver from the port of Arica on the Pacific coast. In 1735 the authorities in Potosí agreed on a plan to destroy the mills, which was never put into effect, because the mine contractors realized that, although they stole from them, the mills maintained the royal coffers at a considerable level. Their presence in the Potosí silver market was, after all, a lesser of two evils.

The kajchas reached their apogee in Potosí in the 1750s, since, according to Tandeter there were 4,000 kajchas and 235 mills in 1762, while in 1794 the number of active mills decreased to 27.[14] By the end of the century, the kajchas themselves recognized the need for some type of militia to establish rules and to monitor the extraction of ore from the mountain and, above all, to maintain the interior supports in the mines. In the reforms to the mita drawn up by Cañete, within the framework of the Bourbon Reforms, it was established that the kajchas would be registered in a census and organized into crews; like many other measures of the reforms, however, this was never carried out. According to the historian Lewis Hanke, Cañete also prepared a plan to reorganize the mining mita. This plan gave rise to a debate with Victoriano de Villalva, a judge of the Audiencia of Charcas, regarding the compulsory nature of the mita, which was only resolved with the civil wars for Independence.

TECHNOLOGY IMPORTED TO POTOSÍ IN THE EIGHTEENTH CENTURY

The Spanish Crown sent a technical mission to study new techniques of refining silver ore at the lowest cost to support mining production in Potosí. This mission, which Tandeter and Rose Marie Buechler have studied in depth, arrived in the city in 1789, a month after the intendant of Potosí, Francisco de Paula Sanz, took charge. It was comprised of Baron Iñigo von Born and Baron Thaddeus von Nordenflicht, both of Germanic origin and experts on the subject. Von Born's method, which accelerated the refining process with heat, produced pure silver in three or four days. Besides traditional grinding machinery, it required kilns to roast the ore and revolving containers or barrels to mix the mercury with the mineral. The greatest advantage of this process was the increase in yield of pure silver per unit processed. Nordenflicht promised a two hundred percent increase in yield from the ore, with a fifty percent salt reduction and a ninety percent drop in the consumption of mercury. The whole process would be completed in four days, instead of four weeks, and would eliminate the need for Indians to pack the amalgam into the mix. Paradoxically, the azogueros discredited and boycotted this method.

In the eighteenth century, while Potosí had become second to Mexico in silver exportation, it was still in an enviable position because of its status as the hub of the commercial route between Lima and Buenos Aires. At the end of the century, this economic situation gave rise to strong power struggles between the Viceroyalties of Peru and La Plata. The creation of the Viceroyalty of La Plata in 1776 had encouraged the flow of commerce towards Buenos Aires and promoted the expansion of the cities in the northern part of Argentina and the economic decline of Lima.

SOCIAL DYNAMICS

According to Capoche's account, social life in the Villa Imperial de Potosí in the sixteenth century was greatly influenced by the large quantity of silver. Spaniards became rich quickly through commerce or mining, and miners donated spectacular sums for the construction of churches and convents. As Hanke has observed, luxury was highly valued:

. . . early in the 17th century there were in the villa, more than seven hundred professional gamblers and one hundred and fifty well-known prostitutes, among these the feared courtesan doña Clara, whose beauty and wealth were unequaled. The most ostentatious woman in Potosí, she knew how to decorate her mansion with the luxury of the Orient and of Europe, since her gatherings were frequented by the richest miners that ardently competed for her favors. The number of idle individuals multiplied and the royal officers indignantly informed that these misguided people did nothing other than dress elegantly and eat and drink in excess, their pretentiousness rose to such a degree, that one Juan Fernández dared in 1588 to plot a conspiracy by which he planned to declare himself King of Potosí.[15]

Similarly, Concolorcorvo observed that "The main luxury in this city, as almost always happens in the large towns of the kingdom, consisted of the wearing of sumptuous outfits, because any ordinary lady had more dresses trimmed in silver and gold than the Princess of Asturias." The Spaniards' sense of luxury was also transmitted to the mestizos and the Africans. Instead of nursing their children themselves, both Spanish and mestizo women used Indian wet nurses. In addition, mestizo servants could have Indian servants, and if an African servant went to the market for his master, he might take an Indian with them to carry the provisions.

Daily life in Potosí was made pleasant with public festivities, generally held in the streets. Theater, including music, dance, and popular songs, as well as complicated spectacles, highlighted these festivities. The azogueros' masques were especially extravagant, and Teresa Gisbert has determined that theatrical representations staged in open-air theaters or coliseums sometimes lasted for several days.[16] According to the historian Gwendolyn Cobb, when the news of the coronation of Phillip II reached the city in 1556, a celebration took place that lasted twenty-four days. The streets were filled with people dressed in expensive clothing and jewelry and riding horses. Expenses reached eight million pesos, and some women spent as much as 14,000 pesos on clothing and jewelry for the festivities.

But life in Potosí was far from peaceful. Frequent fights created a constant state of violence and anxiety. The municipal council even had to pass a law ruling that duels were to be held on the outskirts of the city. This situation became critical in the seventeenth century, when powerful individuals accused one another of evading payment of property taxes. From the end of the previous century two factions of Spaniards and creoles had been forming in Potosí with each group clearly defined by the economic and social importance it had achieved. The "Vicuñas," so-called because the hats they wore were made of vicuña wool, wanted to destroy the power of the "Basques," who occupied positions of authority in the city. (Many of the azogueros were of Basque descent.) The bloody encounters between them from 1622 to 1641 ended with the intervention of the viceroy and the march to the gallows of six leaders from each faction.

PROVISIONS AND COMMERCE

Potosí and Lima were the two important poles of colonial commerce: the first because of its great wealth and the second because it was the administrative and gubernatorial seat. Potosí was the best-supplied city in the viceroyalty, since its silver production was always of great importance and depended upon the cooperation of Spanish merchants, mestizos, and Indians. Cities and villages from throughout the region traded with Potosí. The basic food products came from several miles away, as well as from more distant places like Chuquisaca, which supplied a large quantity of wood and grain. Other cities in what is today Bolivia sent different products. While Cochabamba made important shipments of wheat and corn, La Paz sent wool fabric, coca, and dried plantains. Villages from Santa Cruz to the eastern part of Bolivia, where the climate was hot, sent sugar, while those from the Lake Titicaca area sent fresh fish. The degree of product specialization within the regions of the viceroyalty ensured that its internal commerce was self-sufficient and not dependent on external trade.

Products from Europe arrived in the port of Callao. From there they were transported by ship to the port of Arica. From Arica they traveled to Potosí, ascending the Cordillera on pack mules in single file. These products included everything that silver could buy: taffetas, brocades, velvets, and all types of silk and fabrics from Granada, Priego, and Jaén; silk stockings and swords from Toledo; wools from Segovia; fans, boxes, toys, and trinkets from Madrid; stockings, cloaks, and all types of linen goods from France; tapestries, mirrors, prints, chambrays, point lace, and notions from Flanders; linens and wools from Holland; swords and all kinds of steel, as well as table linens, from Germany. From the Italian principalities came paper, silk, wools, beautiful embroideries, and other rich fabrics; from England, hats and all sorts of woven wools; from Cyprus and the African coasts, white wax; from the Indian subcontinent, fine scarlet cloth, crystal, tortoise shell, ivory, and precious stones; from Ceylon, diamonds; and from Arabia and the near east, fragrances, Persian rugs, all kinds of spices, musk, and civet. From China, came white and blue porcelain; from Mexico, cochineal (a red dye), indigo, vanilla, cacao, and wood; from Brazil, timber; from India, as well as the Island of Margarita, Panama, Cubagua, and Puerto Viejo, all in the Viceroyalty of New Granada, pearls, small chains, and stones. And from Quito came wools and flannels.

During the colonial period, the elite of Potosí did not lack anything that wealthy people could desire. Arzáns de Orsúa y Vela maintained that in the eighteenth century, even when the production of silver had fallen considerably, merchandise valued at 7,800,000 pesos was still brought into Potosí annually, in an "infinite number of vessels," from practically all the countries in the world. According to the *Correo mercantil de España a sus Indias*, in 1797 Potosí annually imported 4,000 pounds (1814.4 kilograms) of indigo a year from Lima, 6,000 pounds (2721.6 kilograms) of chocolate, 2,000 varas (1,867 yards or 1,707 meters) of wool from Quito, 10,500 crates of coca from La Paz, and 200,000 varas (186,667 yards or 170,688 meters) of cotton linen from Cochabamba. During that entire period, the citizens of Potosí were not concerned that prices in Europe were high or that Spain was experiencing a very serious economic crisis, with industrial shutdowns and a decline in agricultural production. The crisis in the mother country did not influence the resplendent commerce in the Viceroyalty of Peru. With the formation of the Viceroyalty of La Plata,

Buenos Aires became another focus for commercial growth in the Spanish colonies of the New World.

Two authorized commercial routes connected Potosí with the world until the creation of the Viceroyalty of La Plata: one was through Arica and the other through Cuzco. The first, the "silver route," went from Potosí to Arica and then connected with Callao by sea. The return, "the Castillian merchandise route," which actually comprised goods from all of Europe, took the sea route from Callao to Arica and the land route from Arica across the Cordillera to Potosí. The mercury route went by land from the mines of Huancavelica to Chincha, which would later become Pisco, then by sea to Arica, and from there ascended the Cordillera to Potosí. Mules and llamas were the means of transportation. In the area that is today Peru, both animals were used equally; but in the high elevations of Bolivia, the llama was preferred. Even though a llama could only carry twenty pounds (9.1 kilograms), it was better suited for the trip from Arica to Potosí, which ascended from sea level to 13,300 feet (4,100 meters). The packs were made up of herds of nine llamas driven by muleteers under the direction of a pack owner.

There was also a route from Potosí to Lima. It went via Oruro, La Paz, Cuzco, Ayacucho, Huancavelica, and Jauja. This route was used to ship silver not destined for Spain, but that served as payment for products ordered in Potosí. It was also the exportation route for interregional products, like cattle, that came from the provinces of La Plata. Until 1776, when Buenos Aires was declared an authorized port, only contraband silver was shipped from there. It was transported along a route from Potosí through Jujuy, Salta, Tucumán, and Córdoba—the same route used to bring livestock to Potosí for sale. Cattle brought prices so high that a mule worth five pesos in Buenos Aires was sold for forty in Potosí.

ADMINISTRATIVE AND
FINANCIAL ORGANIZATION

Until 1564, when the Villa Imperial de Potosí was founded, Potosí was a mining camp. In that year, it became another jurisdiction under the direction of the political and administrative government of the Audiencia of Charcas. The city government was directed by the *cabildo* (municipal council) and headed by two *alcaldes* (mayors), an *alférez* (second lieutenant), a *regidor* (councilman), and an executive inspector.

The financial administration of the city was the same in each province of the viceroyalty. There were two royal officials who collected the *quinto real* in Potosí, a position held in great esteem. Under them were the accountants, the treasurer, the commission agent, the purveyor, and the paymaster. The accountant kept the ledgers for all the financial seats. He also kept the record books, including the book of royal edicts, the record of the king's orders, the apportionment rates, the record of debts, and the records of salaries, payment orders, smelting, mines, licenses, and sales taxes.

Potosí assumed a position of leadership between the colonial cities of the Viceroyalty of Peru, since the first source of income was royalties. The abundance of silver and the need for coin led Viceroy Toledo to mandate the construction of a mint in 1572. The mint was set up in the southern section of the Plaza del Regocijo, in front of the cathedral, on a large site allotted for the royal treasury. Three silversmith furnaces were built on the premises to smelt metal and to stamp the coins, each with a foreman and four slaves. The city coined silver to satisfy Peru's need for money.

CONCLUSIONS

The period of greatest magnificence in Potosí was the last decade of the sixteenth and the first four decades of the seventeenth centuries. During this era, the highest quality and the largest amount of silver was produced. It was also the period in which the city had the largest population. In 1620 Potosí, with 120,000 inhabitants, was the fifth largest city in the world, after London, Seville, Paris, and Madrid. Nevertheless, it was a city of contrasts. To begin with, it is a place with a cold, harsh, windy climate, below freezing during most of the year. The sumptuousness of the Catholic and pagan celebrations held in Potosí, in which allegorical carriages paraded characters elaborately dressed in costumes from Greek mythology and Persian harems, contrasted with the misery of the Indians stuck in their squalid settlements, where they were forced to live in close quarters with numer-

ous other families and often found solace in drink. The city's extreme wealth allowed for extravagances, so that in periods of drought a pitcher or a glass of water could cost as much as six pesos, and 130-foot (40-meter) long logs were carried on the shoulders of Indians to build mills. Today Potosí lives off its past glory. Of its 100,000 inhabitants, fifty percent are still illiterate and live in severe poverty. Today, the mountain that produced so much silver is just a ghost that adorns the city and reminds it of what it once was.

Translated by Deanna Heikkinen

Notes

1 Lewis Hanke, *Luis Capoche y la historia de Potosí, 1545–1585* (Lima: Instituto Riva-Agüero, 1959).

2 Enrique Tandeter, *Coercion and Market: Silver Mining in Colonial Potosí, 1692–1826* (Albuquerque: University of New Mexico Press, 1993), p. 4.

3 Álvaro Alonso Barba, *Arte de los metales* (Potosí: Casa de la Moneda, 1966 [1640]).

4 Thierry Saignes, "Ayllus, mercado y coacción colonial: El reto de las migraciones internas en Charcas (siglo XVII)," in *La participación indigena en los mercados surandinos: Estratégias y reproducción social, siglos XVI a XX*, ed. Olivia Harris, Brooke Larson, and Enrique Tandeter (La Paz: CERES, 1987), 111–158; Laura Escobari, "Migración multiétnica y mano de obra calificada en Potosí siglo XVI," in *Etnicidad, economía y simbolismo en los Andes: II Congreso Internacional de Etnohistoria, Coroico*, ed. Silvia Arze, Rossana Barragán, Ximena Medicanceli, and Escobari (La Paz: HISBOL, 1992), pp. 67–83.

5 Peter J. Bakewell, *Miners of the Red Mountain: Indian Labor in Potosí, 1645–1650* (Albuquerque: University of New Mexico Press, 1984), p. 123.

6 Ibid., p. 142.

7 This plan has been published by Teresa Gisbert and José de Mesa.

8 Carlos Sempat Assadourian, *El sistema de la economía colonial* (Lima: I.E.P., 1982).

9 Saignes, passim.

10 Tandeter, pp. 206–211.

11 Tandeter, p. 85.

12 Concolorcorvo, *El lazarillo de ciegos caminantes*, ed. Antonio Lorente Medina (Caracas: Biblioteca Ayacucho, 1985), p. 110.

13 Tandeter, p. 97.

14 Ibid., p. 109.

15 Hanke.

16 Teresa Gisbert, *Teatro Virreinal en Bolivia* (La Paz: Ediciones Biblioteca de Arte y Cultura, Presidencia de la República, 1962), p. 8.

Potosí: Urbanism, Architecture, and the Sacred Image of the Environment

Teresa Gisbert

THE URBAN DESIGN

In 1545, the Indian Diego Huallpa discovered silver ore lying on the ground of Potosí Mountain. Known in Aymara, the language of the local indigenous people, as *Potocchi* (The Exploding One), this site would soon be developed into the largest silver mine in the world and would be christened Cerro Rico (Rich Hill). Both Huallpa and a Jesuit priest, Father José de Arriaga, reported that the mountain of Potosí was a *huaca* or sacred indigenous site. In his will, Huallpa explained how he discovered this fact, as well as the presence of silver: "once, four soldiers sent him to the top of the hill, where he found an indigenous place of worship with offerings . . . and it was then that he discovered the silver on the hill."[1] In a letter written in April 1599 to the Jesuit General in Rome, Arriaga refers to Potosí Mountain and a smaller hill nearby: "Less than two miles from this town, on the Royal Road, there are two hills to which the Indians have been curiously devoted since time immemorial, and where they go to lay offerings and perform sacrifices."[2] The sacredness of the site could explain why the hill remained untouched until the arrival of the Spaniards.

The original Spanish settlement of Potosí was haphazardly built in 1545 near the indigenous village of Cantunamarca and settled by seventy-five men from the city of La Plata. The Potosí chronicler Bartolomé Arzáns de Orsúa y Vela stated in his 1737 book *Historia de la Villa Imperial de Potosí* that the settlers did not bother "to level the streets or dig proper foundations: they hastily slapped stone on stone and adobe on adobe, so that the village was very badly formed."[3] The organized urban growth of Potosí began in 1572, with the arrival of Viceroy Francisco de Toledo, who enforced the 1545 Ordenanzas de Indias, a royal decree that contained detailed instructions on how to build a city. The built environment of the new Potosí, which incorporated the original settlement, would be characterized by the blending of elements from both the Spanish and the Andean cultures.

THE CITY AND THE MINING SYSTEM

The urban plan of Potosí is composed of four distinct elements: the Indian neighborhoods at the foot of Potosí Mountain; the checkerboard pattern around the Plaza Mayor, where Spaniards, creoles, and their African slaves lived; the great market center near the church of San Lorenzo and the Casa de Moneda (the Mint); and the industrial mining sector on both sides of a great canal, known as La Ribera. The organization of the city that began to take shape at the foot of the mountain reflected its function as a mining center. Initially, silver was extracted from *tacana* (silver ore) by smelting the ore in indigenous ovens known as *huayras* (fig. 1). When the silver content of the tacana decreased, it became necessary to use the mercury-amalgamation refining method invented by Bartolomé Medina in New Spain, which was introduced in Potosí shortly before the arrival of Viceroy Toledo.

The Viceroy and his advisors decided to dam the small lakes in the Cari-cari highlands, part of the Eastern Cordillera, to generate hydraulic power for the mills of the *ingenios* (silver refineries), where silver ore was pulverized before smelting. In 1574, the first and largest dam was built on Lake

Chalviri. Its retention wall was almost 781 feet (238 meters) long. Two years later, Lake San Ildefonso was dammed to provide water, not only to the ingenios, but also to the village. Arzáns de Orsúa y Vela wrote that "the side [of the dam] that looks toward the village is made up of the strongest stone and lime wall, so wide that a carriage could ride on it."⁴ All told, Viceroy Toledo ordered the construction of eighteen dams. Twenty master builders and six thousand Indian laborers were needed to build the first ones. By the end of the eighteenth century, there were twenty-seven dams in four distinct systems: the San Sebastián, the San Ildefonso, the Norte, and the Sur.

The canal of La Ribera was built to carry the water, which was necessary for the refining process, from the dams in the Cari-cari highlands to the city of Potosí, situated in the Tarapaya Valley. The canal ran through the city on an east-west course, dividing it into two sectors. At the foot of the mountain was the *mitayo* sector, where Indians subject to the *mita*—the forced labor system that supplied workers for the mines—lived. The other sector, across the canal, was reserved for Spaniards, creoles, mestizos, and African slaves. Sixty-six master builders and two hundred skilled workers, all Spaniards, as well as four thousand Indians, built the stone and mortar canal, which was about 3½ miles (5.6 kilometers) long and more than 28 feet (8.5 meters) wide.

The nearby Tarapaya and Tabacoñuño ingenios began pulverizing silver ore in 1574. Soon thereafter, ingenios, including twelve hydraulically powered ones, were built within the city limits. By 1595, the ingenio economy had reached its peak, as recorded by the chronicler Luis Capoche, and the hydraulic system was an estimated 14 miles (22.5 kilometers) long. Since a number of ingenios were within the city limits, the aqueducts bringing water to power their wheels cut through the urban agglomeration. When cold-mercury amalgamation no longer sufficed, Father Álvaro Alonso Barba, author of *Arte de los metales* (1640) introduced ovens to heat the metal, thereby perfecting the system.

Each of the ingenios built along La Ribera was surrounded by a wall. Within the enclosure was a *castillo*, a strong wall to which was attached the water wheel that powered the pulverizing pestles. Behind it was an area for the

Fig. 1 UNKNOWN ARTIST (Portuguese)
Estos yns. estan guayrando. (These Indians Are Smelting), from *Atlas of Sea Charts*, Peru?, circa 1585, watercolor on paper, The Hispanic Society of America, New York.

Fig. 2 UNKNOWN ARTIST (Portuguese)
View of the mountain of Potosí showing the operation for extracting silver, circa 1590?, from *Atlas of Sea Charts*, Peru?, circa 1585, watercolor on parchment, The Hispanic Society of America, New York.

mineral brought from the hills by the Indians and a warehouse for copper, salt, lime, and other silver-processing supplies. Processed silver and mercury were kept near the main entrance to the ingenio. A chapel and the house of the *azoguero* or amalgamator completed the compound. Images of the ingenios and the Indians working in them may be seen in a 1754 painting by Gaspar Miguel de Berrío, now in the collection of the Museo Charcas in Sucre, which depicts a series of structures at the foot of Potosí Mountain. Other visual documents include a colored drawing of a mill in the collection of the Hispanic Society in New York (fig. 2) and a drawing illustrating Arzáns de Orsúa y Vela's history of Potosí (pl. 24). Eleven bridges across La Ribera connected the mitayo Indian neighborhoods and Spanish Potosí. Only one has survived—the *Puente del Diablo* (Devil's Bridge), on the outskirts of the city, which was used by Yura Indians to bring in their salt-laden llama trains from the Uyuni and Coipasa salt mines.

THE INDIAN NEIGHBORHOODS

The Potosí mining industry depended on the forced labor in the mines of the indigenous populations living in the vast area between Potosí and the outskirts of Cuzco. Viceroy Toledo patterned the colonial mita system after the Inka agrarian and mining labor system. Although restricted to service in the mines, the mita nevertheless constituted a heavy burden for the Indians subject to it. In addition to the Indians performing forced labor in the mines, Potosí's indigenous population included many *yanaconas*, who freely worked as artisans, domestic servants, or skilled laborers in the mines and ingenios. A third group of Indians were known as *forasteros* (foreigners).

At the height of Potosí's prosperity, the indigenous population may have grown to 100,000. A map of the city showing its distinctive Spanish and indigenous dwellings indicates that sixty percent of its territory was occupied by Indians. Neighborhoods settled by Indians who had migrated from rural areas began to spring up around the fourteen parish churches built on the indigenous side of town. In his *Viaje fascinante por la América hispana del siglo XVI,* Father Diego de Ocaña, who visited Potosí in 1600, wrote that "Indian houses are like pigsties . . . some stones usually in a circle, set in with a little clay and topped by straw—and so low that one can hardly stand inside."[5] This description suggests that these small, Aymara-style circular houses were similar to those that can still be found today in the town of Chipaya, in the district of Oruro (figs. 3–4).

In his 1773 book, *El lazarillo de ciegos caminantes desde Buenos Aires hasta Lima,* the chronicler Alonso Carrión de la Bandera, better known as Concolorcorvo, states that Potosí's indigenous neighborhoods were like "labyrinths formed by the cabins of the Indians, with their many paths."[6] By then,

Fig. 3 Aymara houses, Santa Ana de Chipaya, Oruro, Bolivia.

Fig. 4 Aymara house, Santa Ana de Chipaya, Oruro, Bolivia.

the traditional circular houses had been replaced by Spanish-inspired, single-story ones with a square ground plan, and Indian neighborhoods had grown up along mazes of narrow and irregular alleys adapted to the topography of the terrain. One of these neighborhoods still exists around the church of San Sebastián.

THE SPANISH CITY

The 1545 Ordenanzas enforced by Viceroy Toledo to regularize the urban plan of Potosí established that "towns in the interior [first must] choose a site . . . and once this is done, must draw up the urban plan in measured straight lines, creating plazas, streets and lots, beginning with the main plaza and drawing from there the streets all the way to the city entrances and main roads."[7] The city of Potosí therefore had straight streets, which formed square blocks around the main plaza. The circular houses of the Indians remained in the periphery, clustered around their parish churches.

Fig. 5 UNKNOWN ARTIST
Plaza Mayor, Potosí, circa 1860, photograph, Archivo de La Paz, La
Paz, Bolivia. View from the *cabildo* (city hall). At the left are the arcades
of the atrium of the church of Belén, part of the Royal Hospital.

Fig. 6 UNKNOWN ARTIST
Plaza del Regocijo, Potosí, circa 1860, photograph, Archivo de La Paz,
La Paz, Bolivia. The arcades of the atrium of the church of Belén are
in the background.

Fig. 7 UNKNOWN ARTIST
Muleteers and Mules Bearing Ore Leaving Potosí, circa 1860, Archivo
de La Paz, La Paz, Bolivia. In the background is an archway marking
the beginning of the road to Sucre, and beyond it is the mountain of
Potosí.

Fig. 8 DIEGO SAYAGO
Puente del Diablo (Devil's Bridge), Potosí.

The checkerboard urban plan of Potosí hinged on three
great contiguous plazas and several smaller ones. The three
main plazas were the Plaza Mayor, or main plaza, with the
city's cathedral and hospital; the Plaza del Ccattu, also known
as the Plaza de los Quillacas, a large marketplace; and a plaza
next to San Lorenzo, the parish church of the Carangas Indians. This interesting spatial design, in which the Plaza Mayor
was linked both to the market and to an important indigenous
parish, was modified between 1758 and 1773, when several
structures, including the Casa de Moneda, were built on the
Plaza del Ccattu. The smaller plazas included the Plazuela de
la Merced and many irregular spaces that functioned as plazas,
such as the so-called Plazuela del Rayo and the so-called
Callejón de Siete Vueltas, which still exist. The latter are rem-
nants of the old urban agglomeration, composed of narrow
and irregular alleyways.

Several roads connected Potosí to the surrounding
areas. Archways marked the beginning of each road and the
end of the city proper (fig. 7). Only one still exists—the
Arco de Cobija, where the road to the coast began. A few
bridges have also survived, such as the Puente del Diablo,
built by Diego Sayago where La Ribera was crossed by the
Camino Real, the main road that linked Potosí and Cuzco
(fig. 8). Another bridge is the Puente de Cantumarca, span-
ning the Juntumayo River across the legendary San Bartolomé ravine, which linked the city to the ancient indigenous
settlement. Beyond the *puna*—the high Andean plateau that
surrounds Potosí Mountain and the Cari-cari hills—are
lower-lying valleys with prosperous country estates such as
the Cayara, Samasa Alta, and Siporo haciendas. Important

churches are also there, including the Santuario de Manquiri, whose extraordinary architecture is an Andean interpretation of the ancient Temple of Solomon.

CHURCHES AND PUBLIC BUILDINGS

Although Potosí was an industrial town built around a sprawling mining camp, it had its share of grand buildings, like any other viceregal city, including churches, hospitals, and the famous Casa de Moneda. These buildings were designed in the architectural fashions of the day, ranging from Renaissance to Neoclassical. By contrast, residential buildings such as the one that currently houses the Museo Nacional de Arte were relatively modest, in comparison with the splendid mansions of La Paz. This architectural restraint may have been due to the fact that many settlers left Potosí as soon as they had struck it rich.

The *mudéjar* style—a Spanish Christian architectural style that features Arabic elements—is especially well-represented in many Potosí churches, including the church of Santo Domingo, completed in 1580, whose portal is in the Renaissance style and whose interiors are coffered in wood (fig. 9). The church of La Merced, whose seventeenth-century portal is an interesting example of the early Baroque, has a remarkable *alfarje*—a carved wooden framework with decorative moldings—that supports the ceiling above its enormous nave. The most extensive example of a mudéjar coffered wooden ceiling, however, is found in the church of Copacabana, designed in 1684 by the Potosino artist Lucas Hernández. It covers the chancel and also the transept, including its cupola. The church's stone altarpiece decorated with sirens evokes the distant Lake Titicaca.

The coffered wooden ceilings of the church of Copacabana are the last examples of the mudéjar style in Potosí, for the spiral columns and abundant foliage motifs of the Baroque soon replaced the Renaissance taste. The earliest Baroque structure in the city is the 1692 portal of the convent of Santa Teresa, which is topped by an elegant belfry with solomonic columns. The most striking spiral columns, however, are those of the church of La Compañía de Jesús (the Jesuits). The tower of this church was designed as a Roman triumphal arch by the indigenous artist Sebastián de la Cruz, who built it in 1707 with the Arenas brothers, future builders of the facade of the church of San Francisco (1714) (fig. 10).

The major architect working in Potosí in the eighteenth century was Bernardo de Rojas. He built the 1720 Bethlehemite church with its Neoclassically tempered Baroque facade, as well as San Bernardo, a parish church for the Spaniards. Both churches have vaulted ceilings. The church of San Benito, whose eleven cupolas make it look like a mosque, is also attributed to Rojas's circle. According to Arzáns, "Captain Don Bernardo de Rojas, Luna y Saldaña, famous master of architecture, born in this city . . . was brought back from afar, where he was, for this work. He was, and is, as skilled in arms as in architecture, and much can he be praised for one faculty or the other."[8]

Like the churches, the two hospitals in Potosí were built by religious orders. The oldest was the *Hospital Real* (Royal Hospital), where the mitayos were cared for. Founded in 1555 and run by the Brotherhood of Vera Cruz, this hospital later moved to the Plaza Mayor. In the eighteenth century, it was taken over by the Bethlehemites, a religious order founded in Guatemala in the seventeenth century by Pedro de Betencourt. They built the splendid structure that currently exists. In 1610 the order of Saint John of God built a second hospital, reserved for the Spaniards.

Just as impressive as the city's churches and hospitals was the Casa de Moneda, which was charged not only with the minting of money, but with the levying of the twenty percent royal mining tax known as the *quinto real* (royal fifth). Originally, this building was to occupy three-quarters of the Plaza del Ccattu, with a small plaza left in the remaining space; this plan was changed, however, and the building occupied the full length of the plaza. The market had to be moved to the San Lorenzo plaza, which was transformed in 1792 by the intendant of Potosí, Francisco de Paula Sanz, into an arcaded plaza with a two-story wing. José de Rivero and Tomás Camberos arrived in Potosí in 1753 to design the new building for the mint. Construction began in 1758, with Salvador Villa in charge of the final project. However, in 1770, when work was already well advanced, Villa died and was replaced by Judge Pedro Tagle, who built part of the facade and some of the

Fig. 9   Portal, church of Santo Domingo, Potosí.

Fig. 10   SEBASTIÁN DE LA CRUZ Portal and Tower, church of La Compañia de Jesús, Potosí.

Fig. 11   Portal, Casa de Moneda, circa 1773, Potosí.

rooms. The building was finished in 1773, its sober style reflecting the prevailing mood under Charles III (fig. 11).

SPACE AND DECORATION IN THE ARCHITECTURE OF POTOSÍ

The builders of churches and public buildings, as well the main residential structures in Potosí, initially emulated the Renaissance and Baroque styles popular at the time in Spain. By the mid-seventeenth century, however, a distinct Andean style had emerged, in which decorative motifs were derived from images of local flora and fauna and in which some architectural elements were rooted in the pre-Hispanic tradition.

The plans of Indian churches, both urban and rural, for example, were very different from those of Spanish churches. The church itself was surrounded by a walled enclosure or atrium, usually with a chapel in each of the four corners. These were often open-air chapels used in the proselytization of the Indians. The parish church of San Martín, serving the Lupaca Indians originally from the Lake Titicaca area, was organized in this manner, as seen in a 1716 painting by Melchor Pérez Holguín (fig. 12). This style, which had

originated in Mexico and Peru towards the end of the sixteenth century, persisted in the Andean region well into the eighteenth century.

In his book *Tesoros verdaderos de las Indias* (1680), the Dominican Juan Meléndez wrote that "it often happens that [the Indians] return to their idols and their rites . . . and that is why it has been ordered that no sun, moon, or star shall be painted, not only in any church, but also in any other public or secret place of the Indian pueblos, to prevent them from returning to their old ravings and nonsense."[9] Meléndez implied that, for the Indians, these images were ancient idols that had survived in the midst of the profuse decorative schemes of the Baroque. However, his admonishments were in vain, since astral motifs were used to decorate many eighteenth-century Potosino church portals.

The sun is also carved on the portals of many Potosino houses, which, given their proximity to the old mitayo neighborhoods, might have been owned by Indian chiefs (fig. 13). (In Cuzco, for example, chiefs of Inka descent would wear an image of the sun on their chests during Catholic religious processions.) Other houses are marked by a sun in combination with a royal crown, perhaps a symbol of the alliance

Fig. 12 MELCHOR PÉREZ HOLGUÍN
La Entrada del Virrey Arzobispo Morcillo de Auñon en Potosí (The Entry of the Viceroy Archbishop Morcillo de Auñón into Potosí), 1716, oil on canvas, Museo de América, Madrid, Spain.

between the indigenous nobility and the Spanish monarchs. The styles of residential architecture in Potosí, like those of the churches and public buildings, cover a wide range—from the mitayo laborers' quarters and the houses of the Indian chiefs, to the mansions of rich azogueros and aristocrats, including the counts of Carma and the marquises of Otavi. The Spanish houses had stone portals, usually displaying the owner's coat of arms.

In addition to the sun, the moon and stars were also represented, as on the Bethlehemite church and the Casa de Recogidas, a richly decorated brick and stucco building whose style reflects popular taste. This residence of a community of lay sisters comprised of indigenous women features a portal decorated with the sun, the moon, stars, and sirens and is flanked by solomonic columns inspired by the designs of Sebastiano Ricci.

Sirens are also depicted in Potosí at the church of San Lorenzo, and nearby at the church of Salinas de Yocalla and the Santuario de Manquiri. The meaning of the sirens—which originally symbolized impure love—was widely discussed in Andrea Alciati's *Emblemata* (1531) and in Juan de Horozco y Covarrubias's *Emblemas morales* (1616), two works about the moral meanings of certain images and symbols. The first book was known and read in Potosí, as was, probably, the second. Both authors saw sirens as the utmost representation of evil. Alciati wrote that they "fooled Homer and the rest of them,

charming people with their singing and beauty the better to destroy them, as they only showed what seemed beautiful and peaceful while concealing the ferocious monster within."[10]

However, the two sirens on the portal of the church of San Lorenzo are depicted in heaven, as are all Potosino sirens. Why were these monsters placed among the sun, the moon, and the stars? A clue may be found in the fact that each of the San Lorenzo sirens is holding a *charango*—a small five-stringed guitar—and that the two figures on the columns above are respectively playing a lyre and a cello (fig. 14). Covarrubias wrote that these creatures "are called sirens because of the music they make," adding that the music was so admirable that "Plato had to place eight sirens in the heavens, attributing a siren to each of the visible [spheres], since the celestial music is played with such order and harmony."[11] Music links the two San Lorenzo sirens to their respective celestial spheres; that there are two, and not a Platonic eight, is a result of the logic of architectural composition.

Nevertheless, it would be erroneous to search only for a humanistic, Christianized paganism in the symbolism of mestizo architecture, for other Renaissance influences also shaped it. One was the sixteenth-century attempt to reconstruct symbolically the Temple of Solomon. The most influential texts on the subject in Latin America were *Ezechielem explanationes et apparatus urbis ac Templo hierosolymitani* (1596–1604), written in Latin by the Jesuit Juan de Villalpando in collabora-

Fig. 13   Portal, 1791, Potosí.

Fig. 14   INDIO JUAN DE LA CRUZ
Portal, church of San
Lorenzo, circa 1744, Potosí.

tion with Father Prado, and Juan Caramuel's *Arquitectura civil recta y oblicua* (1678); both were read in Potosí. Many churches in the region attempted to evoke the temple, such as San Francisco in Lima and the Santuario de Copacabana on Lake Titicaca, not to be confused with the Potosino church of the same name. In both of these cases, however, the results did not particularly reflect the theoretical intentions of the architects. By contrast, at the nearby Santuario de Manquiri, the architect's attempt to reconstruct the temple conceptually was largely realized. Although this church was built towards the end of the eighteenth century, it reflects the spirit of the two books mentioned above.

Designed by a priest, Father Juan de Dios Balanza, Manquiri was begun in 1786. Construction was still in progress when Bishop San Alberto visited the church in 1803, the year the atrium was completed under the direction of one Father Enríquez. The building's unusual design, and the relatively late date at which it was built, demonstrate how deeply rooted were certain concepts born in the Renaissance and nurtured throughout the seventeenth and eighteenth centuries. The boldness of the project is one of the most convincing examples of the originality of Andean architecture, which responded to a certain set of ideals, unperturbed by the passage of time and contemporary taste.

Manquiri is built on a large buttressed esplanade, a spatial concept related to the perspectival view of the Temple of

Solomon published in Caramuel's book. A six-pointed star—undoubtedly the star of David—prominently positioned on the keystone of the central arch is further proof of reference to the imagined temple.

Two pairs of angels separated by two palm trees grace the portal of the santuario next to the upper pillars. Villalpando's imagined reconstruction of the Holy of Holies, also featuring angels among palm trees, is based on the biblical description by the prophet Ezekiel, which the Manquiri facade clearly follows: "and from the ground up to the windows . . . To that above the door, even unto the inner house . . . it was made with cherubims and palm trees, so that a palm tree was between a cherub and a cherub" (Ezekiel 41:16–18). Other decorative elements on the Manquiri facade, deriving from biblical descriptions of the Temple of Solomon, include six lilies and four pomegranates, like those that decorated the Temple's two great pillars, Boaz and Yachim.

Just as the Temple of Solomon was a source of inspiration for many churches in and around Potosí, the mountain itself was conceptualized in Christian terms. The city of Potosí rises at the foot of a reddish mountain whose bowels contain silver—a mountain worshipped by the Indians, who did not dare exploit its riches, a mountain on which the life of the city depended. That is why in the early eighteenth century, a large canvas was painted by an unknown artist that depicts the union of Pachamama, Mother Earth in the religion of the

Fig. 15 UNKNOWN ARTIST (Potosí School)
Virgen-Cerro (Virgin of the Mountain), circa 1740,
oil on canvas, Museo de la Casa Nacional de Moneda,
Potosí, Bolivia.

Fig. 16 VISCARRA
*Visión de Yupanqui: Respecto de su Imagen y de la Villa de
Potosí* (Yupanqui's Vision: Rendering of His Image and
of the City of Potosí), published in *Aymara-Aymaru*.

Andean people, with the Virgin Mary. Mountains are part of the literal body of Pachamama, and in this painting, the Virgin emerges from Potosí Mountain, as if it were part of her—a dramatic symbol of the integration of two cultures (fig. 15).

The miracles performed by the Virgin to protect the mitayo Indians of Potosí originally became famous in the seventeenth century. She would appear on the mountain to help poor Indians, who were often victims of accidents in the mills or crushed by collapsing tunnels in the mines. The Indian artist Francisco Tito Yupanqui, who created a painting of the Virgin of Copacabana, also left a drawing, now lost, that showed the apparition of the Virgin over Potosí Mountain (see fig. 16). A native of the town of Copacabana, on the shores of Lake Titicaca, Tito Yupanqui moved to Potosí specifically to learn the arts of painting and sculpture. His lost drawing is the precursor of the painting that depicts the Virgin Mary and Potosí Mountain as a single entity. This painting is in the collection of the Museo de la Casa Nacional de Moneda in Potosí. Another version of this theme from the second half of the eighteenth-century is in the collection of the Museo Nacional de Arte in La Paz (pl. 20).

The pictorial union of the Virgin and Potosí Mountain is also derived from the book *El Santuario de Nuestra Señora de Copacabana* by the Augustinian friar Alonso Ramos Gavilán. "Mary is the hill from which emerged that stone without feet or hands that is Christ," Ramos Gavilán writes, alluding to the fact that Christ courageously accepted, rather than resisted, his crucifixion. He compared the Virgin to a hill of precious stone or metal—a comparison that could be applied in particular to Potosí Mountain, the Cerro Rico. He also added that "God the father creates life and, so that nothing good may reach Earth without the Virgin, he shines on her the rays of his power."[12] In other words, in this simile of the sun fecundating the earth to create life, God shines his rays on Mary, making her a mother. Thus, Pachamama and the Virgin Mary were the same.

The conceptualization of the mountain of Potosí as the Virgin Mary also countered the mountain's chthonic powers. These powers manifested themselves through El Tío, the lord of metals, a phallic being who is believed to dwell in the hills and blow smoke through his mouth, an allusion to volcanoes. In 1620 Bernabé Cobo wrote that the Indians called this being "El Tío" because they could not pronounce "dios," which means God in Spanish; the "Tío" of the mines was a god whose indigenous name is unknown. Arzáns de Orsúa y Vela stated that in 1575, while "digging in one of the biggest mines . . . they found a statue made of different metals . . . the size of an average man. His face was beautiful (although the eyes were not well-made) and made of silver, his chest down to the waist was made of ruby silver, his arms of various materials. He did not have feet, since his shape narrowed from the waist down until it ended in a point. His torso was made of a black metal." He added: "They tried to pull out the statue, whole, as it was, but it was not possible, because the head was attached to a big chunk of metal, and when they tried to cut it, the neck broke. . . . The Indians started their usual and diabolical interpretations and, later, they began to cry and shout—being simple-minded and, like birds of ill omen, they said that that was Potosí Mountain and that the Spaniards had beheaded it, as they had done with their Inkas."[13] The body of this idol was melted down, and the head was stored and then lost.

Potosí Mountain thus had a beneficent aspect, connected with the Virgin Mary, and a dark counterpart belonging to a male being who represented the *apu* or lord of the mountain—or perhaps the mountain itself. Initially, a Catholic chapel was erected on the mountain to prevent idolatry. When this proved insufficient, the mountain was placed gradually under the protection of Mary until the indigenous cult was eradicated.

Other aspects of the Virgin in the Andes were equally syncretic. The patron of the Indians from Carangas, who arrived in Potosí as mitayos, was the Virgin of Sabaya, who had replaced the earlier worship of the Sabaya volcano. In the church of San Lorenzo in Potosí is a painting of the Virgin of Sabaya by the renowned Indian artist Luis Niño. In 1736, Arzáns de Orsúa y Vela had recorded the artist's presence in the city: "Currently residing in this city is Luis Niño, *ladino* [Spanish-speaking] Indian, second Xeuxis, Apelles or Timantes. . . . Several of his works, paintings, sculpture, or silver, have been taken to Europe, Lima, and Buenos Aires."[14] Niño's paintings, which were very well known in his time, reflect the Andean indigenous aesthetic, as did those of the Cuzco School; they are beautiful, gilded works with an iconic quality. Arzáns de Orsúa y Vela's comparison of Niño to the three Greek masters indicates the high esteem in which the artist was held by his contemporaries.

The figure of the Virgin as the sacred mountain was introduced into the city of Potosí as the indigenous population merged Christianity with their ancient Andean religions. This figure, and representations of her, not only signified the integration of two cultures, but the integration of a people with their environment; Potosí Mountain was the habitat of both the Virgin and the Devil. Untouched until the arrival of the Spaniards, the mountain nurtured and punished, constantly threatening those who dared to open its bowels. The city that grew at its feet lived a carefree, sinful life, interrupted only by periodic mystical raptures expressed in processions and acts of public penance. The painting, sculpture, and architecture produced in Potosí during the colonial period testify to this desire to draw closer to God amidst the noise of the water wheels, the street brawls, the lamentations of the mitayos, and the prayers emerging from the convents. Potosí was the Andean Baroque city par excellence.

Translated by A. M. Simo

Notes

1 Mario Chacón Torres, *Arte virreinal en Potosí*, p. 4.
2 Document quoted from Antonio Egaña, *Monumenta peruana*, pp. 687–688.
3 Bartolomé Arzáns de Orsúa y Vela (1737/1965), *Historia de la Villa Imperial de Potosí*, p. 48
4 Ibid.
5 Diego de Ocaña, *Viaje fascinante por la América hispana del siglo XVI*, p. 191.
6 Concolorcorvo, *El lazarillo de ciego caminantes*, p. 341.
7 *Recopilación de las leyes de Indias*, 3 vol. Tomo II, p. 248, ss. Madrid 1943.
8 Arzáns de Orsúa y Vela (1737/1965), pp. 198 and 244.
9 Juan Meléndez, *Tesoros verdaderos de las Indias*, p. 62.
10 Andrea Alciati, *Emblemata* (1531), p. 408.
11 Juan de Horozco y Covarrubias, *Emblemas morales* (1616), booklet 52.
12 Alonso Ramos Gavilán, *Santuario de Nuestra Señora de Copacabana*, p. 94.
13 Arzáns de Orsúa y Vela (1737/1965), p. 198.
14 Arzáns de Orsúa y Vela (1737/1965), p. 430.

Painting in Potosí

José de Mesa

The emergence of painting in Spanish America during the viceregal era (1535–1825) was closely linked to the Christian evangelization of the continent. In 1493 the Papal Donation of Pope Alexander VI granted the territories one hundred leagues "to the west and south of the so-called Azore and Cape Verde Islands" to the Catholic monarchs of Spain, Ferdinand and Isabella, under the strict condition that they christianize all the inhabitants of the recently discovered continent. In 1494 the Treaty of Tordesillas modified this edict by extending the jurisdiction of Portugal in the New World 270 leagues further west, encompassing the territory that became Brazil. For the next three centuries, subsequent popes reiterated the imperative of christianizing the Indians to Ferdinand and Isabella's successors—the Hapsburgs (Charles V, Philip II, Philip III, Philip IV, and Charles II) and the Bourbons (Philip V, Louis I, Charles III, Charles IV, and Ferdinand VII). Spanish domination in South America ended in 1825 with the independence of Bolivia, their last colony there.

To fulfill their promise to the papacy, the Spanish Crown sent priests, secular clergy, and members of the religious orders to South America throughout the entire period of the occupation. It also saw to it that the colonists built them churches, convents, and parishes and supported them financially. This often placed a heavy economic burden on the colonies, particularly in the case of convents for cloistered nuns, which required expensive investments in land, buildings, and furnishings.

By the early sixteenth century, it was clear that new techniques were needed to evangelize the indigenous peoples of South America, none of whom had a written language. Both the Spanish missionaries in the field, and their superiors in Madrid, Rome, Antwerp, and other European centers, agreed that images—specifically, paintings and engravings—would play a crucial role in the conversion of the Indians. For powerful religious images, Spain looked to Flanders, part of whose territory it had controlled since 1517. Charles V, in fact, had a standing agreement with Christophe Plantin in Antwerp, the most important Flemish printer and publisher, who had already done some work for the Spanish Crown and whose copious output of books and engravings was unrivaled in northern Europe.

Between the fifteenth and the seventeenth centuries, Antwerp was a major European center for metal and wood engraving; thousands of prints, depicting all types of subjects, were produced. Plantin, who was a shrewd businessman, routinely bought works from the top engravers in Antwerp and the surrounding region, some of whom he kept on retainer. Such images could then be used as illustrations in books prepared by the religious orders. A good example of the collaboration between the orders and the Spanish Crown, who made sure these illustrated books were carefully printed, was *Evangelica imagines excerptio*, a Jesuit book published around 1595 by Jan Moretus, Plantin's son-in-law and successor. This book contains 153 illustrations engraved by the brothers Anton, Hieronymus, and Jan Wierix, with exegetical explanations by the Jesuit Jerónimo Nadal. Illustrations from it still circulate today in Huamanga (Ayacucho) and other

Peruvian cities. From the sixteenth to the eighteenth centuries, and even after, religious and other printed illustrations were brought to the New World and were the chief means of transmitting European imagery and artistic styles, inevitably influencing all the arts of Spanish America, which consequently evolved along the lines of prevailing European styles. From Mexico to Argentina, art in the viceroyalties of New Spain, Peru, and La Plata, followed the European sequence—Renaissance, Baroque, and Neoclassicism—to which was added, in Peru and Bolivia, the Mestizo Baroque.

In the sixteenth century, most painters in South America were of European origin. Between 1530 and 1630, some shipped their works to the continent from Flanders, Italy, and Spain; others moved to the colonies and began working there. Around 1630, the increasing availability of works chiefly by Spanish artists acted as a catalyst for the development of the visual arts in the Audiencia of Charcas, particularly in Chuquisaca and Potosí. The tastes and aspirations of the inhabitants of the prosperous Spanish colonies supported the growth of local schools of painting, strongly imitative of European models. Creole painters, and a few Indian ones, began to play increasingly important roles, and towards the mid-seventeenth century, painting began to show the influence of indigenous cultures. This trend intensified in the late seventeenth and eighteenth centuries, when creole, mestizo, and Indian painters—who dominated the period between 1680 and 1800—developed a unique style in an area stretching from northern Peru (Cajamarca, Huamanga, and Arequipa) and Bolivia (Lake Titicaca, La Paz, Oruro, Potosí, and part of Chuquisaca) to northern Argentina, where the Potosino influence was felt. This style came to be called "mestizo."

Renaissance art had arrived in Potosí in the 1550s, mostly in the form of religious paintings imported from Spain by the conquistadors and their descendants. These works reflected the Spanish taste of the time, particularly its fondness for Flemish art. The influence of Flemish styles on Spanish art is well documented. The main collection of Flemish and Flemish-influenced art of the time, which belonged to Queen Isabella herself, is now dispersed among the Royal Chapel in Granada and other collections in Spain.

In the collection of the Museo de la Casa Nacional de

Fig. 1 BERNARDO BITTI
Virgen con el Niño y San Juanito (Virgin and Child with Saint John the Baptist), circa 1598, oil on canvas, Museo de Arte Sacro de la Catedral, Sucre, Bolivia.

Moneda in Potosí are two sixteenth-century paintings on wooden panels by a Spanish painter of the *Virgin of Antigua*. (Before sailing to America, travelers would say a last prayer before an image of this Virgin in the cathedral of Seville.) Flemish works from this period are also in the collections of several museums in the former Audiencia of Charcas. These include *The Holy Family*, the central panel of a triptych attributed to Pieter de Coeck Van Alest (Museo de la Casa Nacional de Moneda); a *Pietà*, by William Key (Museo de la Catedral, Sucre); *Virgin of the Milk*, a nursing Madonna by a follower of Joos Van Cleve, *Virgin of the Immaculate Conception*, by a follower of Martin de Vos, and *The Adoration of the Shepherds*, by Pieter Aertsen (all Museo Nacional de Arte, La Paz).

Italian Mannerism is represented by the work of Bernardo Bitti, a Jesuit lay brother born in Camerino, Italy, who was sent by his order to the Viceroyalty of Peru in 1576. Until his death in 1610, Bitti lived and worked in the

Lake Titicaca area, as well as in La Paz, Potosí, and La Plata. In Potosí he left a *Coronation of the Virgin* at the monastery of the Mónicas. He also left a disciple, the Potosino painter Gregorio Gamarra (1585?–1642). Gamarra infused the Mannerist style he had learned from Bitti with his own original sensibility—for example, figures with "S"-shaped necks and elongated fingers and a contrasting warm and cold palette. In Potosí, Gamarra produced a series of paintings of the life of Saint Francis of Assisi that are still in the main cloister of the convent of San Francisco. In La Paz, where he moved next, Gamarra produced two paintings for that city's convent of San Francisco, both of which showcase his original style—elongated arms and fingers, and theatrical poses in *The Portiuncula* and heightened drama in *Saint Francis in the Fiery Chariot* (fig. 2).

In his 1609 *Adoration of the Magi,* inspired by an engraving by the Flemish artist Raphael Sadeler, Gamarra's Mannerist style is even more heightened: the forced "S"-shaped position of the Virgin's head is echoed in the pose of the Infant Jesus and the attitudes of the two Magi on the left. The attitudes and colors of the camels on top are also remarkable. This painting is currently in the collection of the Museo Nacional de Arte in La Paz, along with another painting by Gamarra entitled *Crucifixion with Franciscan Saints.*

From La Paz, Gamarra went to Cuzco, where he painted a *Virgin of the Immaculate Conception with Two Franciscan Saints* for the local Franciscan convent, as well as a *Virgin of Guadalupe, Spain* (fig. 3). He must have returned to La Paz, because his last known work, *Death of Saint Joseph* (1642), is in the Carmelite convent in that city.

The Baroque style appeared in Europe around 1600, edging out the Renaissance and Mannerist styles. The new style brought with it more vivid colors, as well as a taste for chiaroscuro that heightened the illusion of reality. It reached Spanish America, including the Viceroyalty of Peru, around 1630, through the works of Francisco Zurbarán, Bartolomé

Fig. 2 GREGORIO GAMARRA
San Francisco en el carro de fuego (Saint Francis in the Fiery Chariot), circa 1609, oil on canvas, Convento de San Francisco, La Paz, Bolivia.

Esteban Murillo, Bernabé de Ayala, and, in particular, the Jesuit brother Diego de la Puente.

De la Puente was born in Mechlin, Flanders; his original surname was Van der Bruggen. Before joining the Jesuit order, he studied painting in Antwerp in the circle of the young Peter Paul Rubens. He was sent to Peru by his order to replace Bitti, who had died in 1610. The date of his arrival is not known exactly, but it must have been before 1620, since there is documentation of his activities in the New World from that point until 1667. De la Puente spent his long life traveling as an itinerant artist from one Jesuit church to another. He created a sizable body of work, mostly paintings related to the life of Jesus and the Virgin Mary, as well as paintings of angels. His painting of *Saint Michael, Archangel,* now in the collection of the Museo Nacional de Arte in La Paz, was extremely influential in the late seventeenth century. Another important work is his *Adoration of*

Fig. 3 GREGORIO GAMARRA
Virgen de Guadalupe (Virgin of Guadalupe, Spain), Cuzco, 1609, oil on canvas, Museo de Arte Sacro de la Catedral de La Paz, Bolivia.

Fig. 4 FRANCISCO HERRERA Y VELARDE
San Francisco Solano (Saint Francis Solano), circa 1670, oil on canvas, Convento de San Francisco, Potosí, Bolivia.

the Magi, in Acora, on the shores of Lake Titicaca, where an Inka is depicted for the first time as one of the Magi. De la Puente traveled and painted as far away as Santiago de Chile, in whose cathedral there is a painting of the *Last Supper* signed by him.

The period between 1620 and 1650, and, to a lesser degree, through the end of the century, is remarkable for the quality and quantity of paintings and masters, most of them anonymous. (Although the names of a number of painters are known, few works can accurately be attributed to them.) It was during this period—when the Mannerist style was giving way to the Baroque—that works by Spanish Baroque painters, particularly Zurbarán and his school, reached Charcas. In the cathedral of Chuquisaca, there is a painting of *Saint Peter Nolasco* undoubtedly by Zurbarán. A painting of *Saints Francis and Dominic*, in the collection of the Museo Charcas, Sucre, is by a follower.

One such follower was the Spanish painter Francisco de Herrera y Velarde, active in Potosí from 1653 until his death in 1694. In the collections of the Museo de la Casa Nacional de Moneda and other institutions are several of his full-length and half-length renderings of Saint Francis of Assisi. At the church of San Francisco, Herrera left a painting of *Saint Francis Solano*, an excellent and ambitious work that blends Baroque chiaroscuro and realism, squarely within the Zurbarán school. The subject of the painting was a Franciscan friar who traveled throughout the tropical regions of Bolivia, with the objective of converting the Indians, whom he attracted with the music of the violin that he always carried with him. Many indigenous groups in the tropical eastern and southern regions of the country were converted to Catholicism by this saint.

An even more realistic painting by Herrera, with a touch of tenebrism, is his *Mary Magdalene Renouncing Her*

Fig. 5 FRANCISCO LÓPEZ DE CASTRO
Visión de la Cruz (Vision of the Cross), circa 1670, oil on canvas,
Museo Nacional de Arte, La Paz, Bolivia.

Fig. 6 FRANCISCO LÓPEZ DE CASTRO
San Francisco de Asis (Saint Francis of Assisi), circa 1650, oil on
canvas, Collection of Fernando Romero and Rosario Pinto de
Romero, La Paz, Bolivia.

Worldly Goods (pl. 1) in the collection of the Museo de la Casa
Nacional de Moneda, a copy of which is in a private collection
in Lima. His 1663 *Ecce Homo*, now in a private collection in La
Paz (pl. 2)—delicately Sevillian in style, with a harmonious
and, for that time, original composition of Christ and two
angels—exemplifies the aesthetic of tenebrism. The fact that
the faces of the figures resemble those of ordinary people is
typical of Baroque realism.

One of Herrera's contemporaries was the Spanish
painter Francisco López de Castro, who was active in Potosí
between 1670 and 1680. His 1674 *Virgin of the Immaculate
Conception* (Museo Charcas, Sucre) is a Baroque work subtly
colored in shades of blue, yellow, and white, whose composition recalls Murillo's rendering of the same theme. A paint-

ing entitled *Vision of the Cross* (Museo Nacional de Arte, La
Paz; fig. 5) has also been attributed to him. It portrays the
Christ Child and a young Saint John surrounded by angels,
experiencing a vision of the cross on which Jesus would be
crucified. This is already a fully Baroque work, in which yellow and green tonalities create a complex atmosphere.

Andean painting is particularly renowned for the images
of angels produced in Calamarca. Around 1680 in that town,
situated some 28 miles (45 kilometers) from La Paz, José
López de los Ríos painted two series of angels. One series
depicts the three traditional hierarchies of angels: seraphim,
cherubim and thrones; dominations, virtues, and powers;
and principalities, archangels, and angels. The other depicts
a group of angels dressed in the uniforms of contemporary

Fig. 7 UNKNOWN ARTIST
(Collao School)
Series of Archangels in
the nave of the church
of San Martín, circa 1680,
Potosí, Bolivia.

seventeenth-century Spanish harquebusiers. These military angels of Calamarca, with their colorful uniforms, weapons, and ornaments, had little in common with European angels; they were an absolute novelty and uniquely Andean.

Around the same time, a series of angels wearing costumes similar to those of the series of hierarchical angels in Calamarca were painted in the chancel and transept of the church of San Martín in Potosí. These angels hold censers and are inscribed with the word *Sanctus* (fig. 7). Additional paintings of angels may have been commisioned for this church: in the sacristy, a *Guardian Angel* and a *Saint Michael, Archangel*, both signed by the painter Bernardo Embustero, can still be seen today. Both the famous Calamarca angels and their lesser-known Potosino counterparts are among the most original works of painting created in Charcas.

The period from 1680 to 1730 is dominated by the towering figure of Melchor Pérez, Holguín, the most important Potosino painter and the major artist in Charcas during the viceregal era. Holguín was born in Cochabamba between 1660 and 1665. By 1676, he was already in Potosí. There, in 1695, he married Micaela del Castillo, with whom he had three children. Holguín's work is significant not only for Bolivia, but for the rest of the South American continent. A mestizo who emulated the Spanish Baroque style, his work is imbued by his highly personal vision of the insignificance of

Fig. 8 UNKNOWN ARTIST (Circle of Leonardo Flores)
San Rafael arcángel (Saint Raphael, Archangel), Collao, circa 1680, oil on canvas, Collection of Humberto and Fátima Rada, La Paz, Bolivia.

Fig. 9 MELCHOR PÉREZ HOLGUÍN
San Mateo (Saint Matthew), oil on canvas, Museo de la Casa Nacional de Moneda, Potosí, Bolivia.

man before nature. His awesome vision of the human figure dwarfed by the environment was shaped by his surroundings: the seemingly infinite Altiplano and the colossal peaks of the Bolivian Andes, some 21,000 feet (6,500 meters) above sea level, eternally capped by snow.

Holguín's work may be divided into three periods. In the first (1687–1706), he primarily painted Franciscan saints in silvery grey tones that permeated the whole canvas. During his second period (1706–10), he painted large-scale works. And during his last (1710–32), he abandoned tenebrism for a rich, vibrantly colorful palette. The date of his death is unknown.

The works of the first period are the best known and imitated. Among them are his 1694 *The Founder of the Order* (Museo de la Casa Nacional de Moneda), *Saint Francis of Assisi, Saint John of God* (pl. 3), *Saint Anthony of Padua,*

several full- and half-length versions of *Saint Peter of Alcántara* (pl. 4), and minor works such as *Saint Francis of Paola.* None of Holguín's many imitators ever matched his masterful silvery-grey palette.

Three large-scale works opened the second period: *Allegory of the Triumph of the Catholic Church* (1706), *The Last Judgment* (1708), and a series on the life of Saint Peter Nolasco (circa 1710). In *Allegory of the Triumph of the Catholic Church,* Saint Peter's boat sails serenely in a turbulent sea while the enemies of Catholicism drown. Holguín painted himself as a man meditating on the final destiny of humanity at the center of *The Last Judgment,* among many other figures waiting to be judged by God, with the blessed to be sent to heaven and the damned to hell. His scenes of the life of Saint Peter Nolasco comprise a series of eight paintings in the church of La Merced in Sucre that portray the life of the saint, who founded the Order of the Mercedarians. The paintings are hung on one side of the transept—around the main windows, four in each lunette. They face another series of eight Holguín paintings depicting scenes from the life of Christ hung on the other side of the transept. Elsewhere in the church are four other paintings by Holguín with scenes from the life of the founder of the order. Also from this period is *The Entry of the Viceroy Archbishop Morcillo de Auñón into Potosí,* a 1716 painting featuring three detailed scenes that portray courtly life in Potosí (Museo de América, Madrid).

Holguín devoted the last years of his second period to several series of paintings of the Evangelists. Only two of the four main series have survived in their entirety. A complete series of half-length Evangelists is in the collection of the Museo de la Casa Nacional de Moneda (see fig. 9). Two

Fig. 10 MELCHOR PÉREZ HOLGUÍN
San Mateo (Saint Matthew), 1724, oil on canvas, Museo de la Casa
Nacional de Moneda, Potosí, Bolivia.

Fig. 11 MELCHOR PÉREZ HOLGUÍN
San Juan Evangelista (Saint John the Evangelist), 1724, oil on canvas,
Museo de la Casa Nacional de Moneda, Potosí, Bolivia.

other series of Evangelists with landscape backgrounds are in the collections of the Museo Nacional de Arte in La Paz and the Museo de la Casa Nacional de Moneda (see fig. 10–11). The latter series is signed by the artist.

Sumptuous color, thoughtful composition, and a certain sense of innocence suffuse the paintings of the last period. Those depicting the childhood of Jesus in a series on the life of Christ are masterpieces; they include *Rest on the Flight into Egypt* or *The Laundering Virgin* (Museo Nacional de Arte, La Paz; pl. 5), *The Flight into Egypt* (versions in museums in Santiago de Chile and Buenos Aires, and in the Collection of Fernando Romero and Rosario Pinto de Romero, La Paz, Bolivia; pl. 6), and *Pietà* (Collection of Roberta and Richard Huber; pl. 8).

Followers of Holguín worked in Potosí throughout the entire eighteenth century. The most important was Gaspar Miguel de Berrío (1706–62), a brilliant painter working in Charcas. His paintings for the church of Belén, which have been lost, and works such as his *Adoration of the Shepherds* in a Benedictine convent in Rio de Janeiro, as well as *Coronation of the Virgin with Saints* (pl. 14), and a diptych consist-

ing of an *Adoration of the Shepherds* and an *Adoration of the Magi* in the collection of the Museo Nacional de Arte in La Paz (fig. 12), constitute the centerpiece of eighteenth-century Bolivian painting. The clothes, crowns, and halos of the saints in these paintings were gilded in geometric patterns, after a popular fashion of the time in the areas of Cuzco, Lake Titicaca, La Paz, Oruro, Potosí, and Chuquisaca known as *brocateado*—a technique of textured gilding on the surface of the painting. Craftsmen known as *doradores* (gilders) gilded the paintings after the painter had concluded his work, either immediately or years later, at the request of the work's owner.

Other major works by Berrío include three versions of *The Patronage of Saint Joseph*, in the collections of the Museo Charcas, the Museo de Bellas Artes in Santiago de Chile, and the Museo de la Casa Nacional de Moneda in Potosí (pl. 12), as well as a *Virgin of the Immaculate Conception* on copper plate at the Museo Charcas. Other important works include *The Divine Shepherdess* (pl. 13) and *Saint Nicholas of Bari* (fig. 13), depicting ten scenes from the life of the saint, both in the collection of the Museo de la Casa Nacional de Mon-

Fig. 12 GASPAR MIGUEL DE BERRÍO
Adoración de los Pastores y *Adoración de los Reyes* (Adoration of the Shepherds and Adoration of the Magi), oil on canvas, diptych, Museo Nacional de Arte, La Paz, Bolivia.

eda. (According to a tradition dating to the 1560s, all males born in Potosí were given the first name *Nicolás*—hence the great devotion to the Bishop of Bari.)

A closer imitator of Holguín was Joaquín Caraballo, who was active during the late eighteenth century. His paintings on the theme of the Holy Family, in which the main figures are surrounded by saints, are rendered in Holguín's style. In Caraballo's *Virgin with Saints,* his signature and a date appear on Saint Roch's garments. Another follower was Nicolás de los Ecoz, who was probably born in Potosí. His style is so close to the master's that only a careful analysis of his signature can differentiate works by the two artists. This is evident in his series of paintings of doctors of the church in the collection of the Museo de la Catedral in Sucre. His *Crucifixion* and *Virgin of the Rosary* in the collections of the Museo de la Casa Nacional de Moneda and the Museo

Charcas, respectively, are very similar to paintings by Holguín. Other works by de los Ecoz include *Saint Peter* (Museo Nacional, Santiago de Chile), and *Saint Christopher* and *Saint Francis of Paola* (both Museo Nacional de Arte, La Paz).

Manuel Ignacio de Córdoba, a late-eighteenth-century painter, sculptor, and gilder, produced a *Saint John of God* for the Hospital Bracamonte in Potosí and a *Saint Francis of Paola,* now in the collection of the Museo Nacional de Arte in La Paz (pl. 18). Both paintings feature extensive brocateado decoration. Córdoba's work is the apotheosis of both the Holguín style and of brocateado in general in Potosí.

Holguín even influenced some nineteenth-century painters, including Juan de la Cruz Tapia, who worked in Potosí from 1852 to 1891. A hundred years after their creation, Tapia retouched and imitated some of the master's works, including his *Saint John of God* (pl. 3) and his series of the doctors of the church in the church of San Francisco, and his series of saints in the church of La Merced, both in Potosí.

Luis Niño, a contemporary of Berrío, was also a major painter, widely known during his lifetime. Only two signed paintings by Niño have survived: *Virgin of Sabaya*, originally painted for the church of San Roque de Ttio in Potosí, now in the collection of the Museo de la Casa Nacional de Moneda, and another version of the same subject at the Convento Franciscano de la Recoleta in Sucre (pl. 10). Among the works attributed to Niño are *Virgin of the Rosary* (Museo de la Casa Nacional de Moneda; pl. 11), *Our Lady of the Victory of Málaga* (The Denver Art Museum), and *Virgin of Fuencisla* (Museo Nacional de Arte, La Paz; pl. 9).

By the late eighteenth century, the taste for Baroque forms was on the wane in Potosí and the rest of the Viceroyalty of Peru. At the same time, works by Neoclassical painters began arriving in Lima and the rest of the region from Spain, where Charles III and his son, Charles IV, had imported the new fashion and its practitioners from Italy and France into the Madrid court.

Fig. 14 MANUEL DE OQUENDO
Éxtasis de Santa Teresa (Ecstasy of Saint Theresa), circa 1790, oil on canvas, Convento de Santa Teresa, Potosí, Bolivia.

Neoclassicism appears in Potosino painting towards 1780, about the same time it appeared in the city of La Plata. Its main practitioner was Manuel de Oquendo, who painted an *Ecstasy of Saint Theresa* for the Potosino convent of Santa Teresa in the 1790s. In this signed work, the clothes worn by the saint and the angels are no longer the billowing garments characteristic of the Baroque style, and the colors of the angels' garments are much lighter (fig. 14). The trail of works left by de Oquendo indicates that he must have traveled extensively between the missions that had been founded by the Jesuits in Moxos and administered by them until their expulsion in 1767. De Oquendo, a follower of new trends in his time, was also a harbinger of nineteenth-century academic painting.

Fig. 13 GASPAR MIGUEL DE BERRÍO
San Nicolás de Bari (Saint Nicholas of Bari), Puna, 1749, oil on canvas, Museo de la Casa Nacional de Moneda, Potosí, Bolivia.

Translated by A. M. Simo

A World in Wood in the City of the Silver Mountain: Wooden Sculpture and Architecture in Potosí

Pedro Querejazu

As a three-dimensional artistic medium, sculpture has always lent itself to a great simulation of what is represented. This is particularly true for polychromed wooden sculpture, which can achieve a naturalistic realism conducive to devotion and religiosity. Dramatically naturalistic religious statuary dominated the colonial period in the Audiencia of Charcas. Within the panorama of colonial art, polychromed wooden sculpture was one of the most highly esteemed mediums. Sculptors of diverse ethnicities traveled throughout the audiencia producing important works for the church; both the techniques and the styles they developed reflected the syncretic blending of European and native Andean artistic and religious traditions.

THE PROFESSION OF THE SCULPTOR DURING THE COLONIAL PERIOD

Artists in the Viceroyalty of Peru and the Audiencia of Charcas appear to have enjoyed social prestige and esteem during the colonial period, although their status continually evolved. Intensely mobile, especially during the sixteenth and the first half of the seventeenth centuries, artists included individuals of European, mestizo, or Indian descent. While some settled in major centers of artistic production, such as Cuzco or Potosí, others traveled from one end of the viceroyalty to the other, carrying with them both styles and techniques.

By the 1550s, the religious orders were building churches, chapels, and convents in both Spanish and Indian parishes, which necessitated that artists move from one place to another in search of contracts. The Italian painter Bernardo Bitti, for example, traveled throughout the whole viceroyalty, while Spanish sculptors such as Diego Ortiz and the brothers Andrés and Gómez Hernández-Galván were active in Lima, Cuzco, Potosí, and La Plata; Indian artists like Francisco Tito Yupanqui also traveled between these and other cities. In the first half of the seventeenth century, most artists worked in the cities between Cuzco and Potosí.

Artists also traveled to the Audiencia of Charcas from distant places. From Italy came Bitti, Benito Genovés, José Pastorelo, and Angelino Medoro; from Flanders, Viren Nury, Diego de la Puente, and Adalberto Maarterer; and from what is now Switzerland, Martín Schmid. Among the Spaniards, there apparently were Castillian artists such as Francisco Herrera y Velarde, Francisco López de Castro, and the Hernández-Galván brothers; Sevillians, such as Martín de Oviedo, Gaspar de la Cueva, and Juan Martínez Montañes; and natives of Jerez, such as Luis de Espíndola. Oviedo journeyed from Mexico to Lima, and from there, to Potosí and La Plata; similarly, de la Cueva, Espíndola, and Fabián Gerónimo Alcócer, left Lima to work in Potosí.

Other masters were born in the viceroyalty and later traveled throughout the territory. For example, Juan Giménez de Villareal came from Cuzco; the Indians Tito Yupanqui,

Julián, and Sebastián Acosta Túpac Inca from Copacabana; Leonardo Flores from the region of La Paz; Melchor Pérez Holguín from the region of Cochabamba; the creole Gaspar Miguel de Berrío from the village of Puna, near Potosí; and the Indian Luis Niño, from Potosí. Indian artists were from the nobility, as demonstrated by the fact that the Spanish Crown deemed many to be of pure blood and consequentially acknowledged them as part of the *hidalguía* (nobility). Some examples include Diego Quispe Tito, Tito Yupanqui, and Acosta Túpac Inca.

Indians, mestizos, creoles, and European artists collaborated when necessary, as was the case with Ortiz, teacher of Tito Yupanqui, who worked with the gilder Vargas, a native of Spain. Similarly, Giménez de Villareal, a native of Cuzco, was hired to work on the choir stalls of the church of San Francisco in La Plata, together with Indian carpenters. Beginning in the mid-seventeenth century, the great itinerant masters started to disappear, and both painting and sculpture increasingly became the domain of Indian and mestizo artists, who mostly worked in workshops in the main cities. From there, they supplied works to the neighboring regions and exported them to distant ones.

From an early date, a number of centers in the viceroyalty became producers and exporters of paintings, sculptures, and even musical instruments. These included Copacabana, which had an Indian workshop where images and altarpieces were produced, and Cuzco, a city that exported works throughout the Viceroyalty of Peru and to the northern part of the Viceroyalty of La Plata during the eighteenth century. Additionally, the Collao region, specifically Lake Titicaca, was at one point an important center for the production of painting and sculpture. During the second half of the seventeenth century, paintings of Triumphs, Triangular Virgins, and Harquebusier Archangels produced in the Audiencia of Charcas were exported to Chile, and northern Argentina. During the eighteenth century, Potosí was an artistic center that exported works by Holguín, Niño, and Berrío to sites in northern Argentina, Santiago de Chile, and Lima.

Although painters apparently enjoyed a certain degree of prestige during the colonial period, the status of the profession continually evolved. Sculptors, esteemed as the true

masters of art, were amply respected and bore titles such as *alférez* (officer), *maestro de campo* (field master), *capitán* (captain), and so on. During the seventeenth century, sculptors such as de la Cueva and Espíndola enjoyed great social prestige. However, during the late seventeenth and the eighteenth centuries, the majority of sculptors were Indians. The social prestige of the profession declined accordingly, until sculptors gradually became unknown artisans.

The prestige of the professions of painting and sculpture were in part maintained by the guilds. European guilds— entities that regulated the practice of specific crafts—were transferred to the Americas during the colonial period. In the Viceroyalty of Peru artists were subjected to the same laws and regulations as they were in Spain. It is believed that painters were associated with the Guild of Saint Luke, while sculptors, together with other wood carvers, belonged to that of Saint Joseph. Labor and work contracts demonstrate the existence of *maestros* (masters), who could be painters, sculptors, assemblers, or architects. The *veedor* (inspector) was an expert elected by the guild to serve as an appraiser of specific works. Sometimes this task was fulfilled by the *maestro mayor* (principal master). Occasionally, the name of *oficial* (officer) has been found, indicating that the artist was an apprentice who had not yet obtained his *maestría* (master status). There are very few known documented cases of apprentices.

According to the guilds' medieval traditions, the apprenticeship of artists—as numerous documents found in Bolivian archives attest—took place as follows. An apprentice would draw up a contract with a master and work with him for at least a year, fulfilling a variety of tasks that ranged from the most menial, such as cleaning the workshop and preparing mixtures and colors, to the most complex, such as aiding in the drawing and painting of backgrounds, polychroming, and so on. After the initial apprenticeship was over, it was usual for the student to remain working with the master in his workshop for some time before opening his own, independent workshop.

Written documents indicate that there were several specialties within the art profession. Those who worked in design, construction, and other related activities were known as *arquitectos* (architects). Learned men trained in calculus, design, and construction who could design roofs and coffered ceilings were *geométricos* (geometricians). *Arquitectos carpinteros* (carpenter architects), *ensambladores* (assemblers), or *entalladores* (carvers) were trained in constructing altarpieces and other wooden structures. *Maestro escultores* (master sculptors), *imagineros* (image-makers), or *santeros* (saint-makers) were the terms applied to the creators of religious images in all their forms, an activity that was complimented by the *doradores* (gilders), who specialized in gilding altarpieces, frames, furniture, and so on with beaten gold leaf, as well as in applying different types of *estofados* (ornaments) to the images. *Pintores de imágenes* (painters of images) was the term applied to painters experienced in polychroming images—that is, in applying *encarne* (flesh color), as well as *estofe* (ornamentation). From very early on, it was common practice to complete the object in the workshop; this included making the image, painting and gilding it, and having it ready for delivery to a client, as well as for installation at its destined site.

Only infrequently do colonial works from the audiencia bear signatures. It is most common to find signatures on paintings, where they may be located on the front, in the lower corners, or on the back. In the case of sets of paintings, the signature is found on one or two of the works, but only rarely on all of them. The few signatures found on sculptures appear on the stands, particularly for works produced during the sixteenth and seventeenth centuries. The signatures may either be carved or painted on, as in Acosta Túpac Inca's *Virgin of Copacabana* in Cuzco, Diego Quispe Curos's *Christ* of the church of the Recoleta in Sucre, and de la Cueva's *Saint Bartholomew* in Sica-Sica. A few signatures have been located on papers placed inside of the sculptures, as in de la Cueva's *Ecce Homo* of San Francisco in Potosí.

SCULPTURE TECHNIQUES IN THE
AUDIENCIA DE CHARCAS

Although sculptures during the colonial period could be made of stone, alabaster, ivory, fired clay, or wax, polychromed sculptures were normally made of wood. Artists used wood that was readily available in the region, as well as other woods imported from long distances. The most widely used and valued wood was the several varieties of American cedar *(cedrela odorota);* the high quality of this type of wood, which was common in the tropical and temperate American forests, made it the easiest to carve. It was brought from Nicaragua until the eighteenth century, when access to the Amazon rainforests from the Audiencia of Charcas was established. Other woods, including alder, marabou, pine, and mahogany, were also employed.

A wooden sculpture could be carved from a single log or assembled from thick boards affixed together with strong animal or bone glue. Interiors were occasionally left hollow to save wood and avoid excessive weight. The wood was carved with iron gouges and other instruments to obtain the desired image. It was common, at least in the case of dressed statues, to carve the hands separately. It was also common for delicate fragments, such as noses and fingers, to be carved from cut and glued pieces; in this way, in the event that a piece broke, it would be a clean break, allowing for an easy restoration. Once the figure was carved, it was ready to be polychromed; sculptures for choir stalls, like that of San Francisco in La Plata, were left *en blanco*—that is, unpolychromed (fig. 13).

In the Andean regions, the stem of the maguey plant—a type of agave indigenous to the Western Hemisphere—was used with great frequency. This stem, once cut and dried, has a very hard bark and a soft and light heart. It had been widely used since pre-Hispanic times for roofing, a practice adopted by the Spaniards that is still in use today. From the fleshy leaves of the maguey, Indians also obtained fibers for ropes and baskets; this natural fiber was known as *cáñamo de tierra*.

Because maguey is thin, and made even thinner when stripped of its bark, sculptors would tie many pieces together with rope, glue them, and pin them with the maguey's own spines to form the sculpture's mass, which was then carved. Reliefs were executed on a wooden board on top of which the maguey pieces were glued and then carved. The carving was usually covered with sawdust paste and glue. Occasionally, this paste was covered with a thin layer of glued fabric to strengthen the fingers and other fragile fragments of the sculpture. Another technique that became common in the second half of the seventeenth century was the mixing of flour, plaster, and glue to create a moldable paste that dried quickly and was stiff, stable, and light; it was used to mold figures, faces, hands, fingers, and so on. Finally the statue was placed on a stand made of cedar or alder and fixed from the bottom with spikes, also made of wood, and adhesive.

Draperies were often made of glued fabric. Artists used discarded fabrics—frequently remains of the Indians' *unkus* (wool or cotton tunics). These fabrics were soaked in a solution of glue and plaster; afterwards they were fixed to the figure's body with wooden spikes or spines, molded, and left to dry. Occasionally the fabric was soaked only in glue, and after it was molded and dried, thin layers of chalk and glue were applied to strengthen it and prepare it for painting. This procedure allowed for the fast creation of light, inexpensive, and fairly resistant sculptures. Artists invented several variations of this technique. Sometimes they covered schematic carvings with glued fabrics to obtain a greater degree of naturalness in the folds. They also used heads or hands placed on bundles of maguey sticks tied with cord or on candlestick-like armatures. In addition they created hollow sculptures made only of glued fabric.

Once the sculpture was finished, it was polychromed. This process could be executed by a painter of images or completed within the sculpture workshop itself. First, the wooden or maguey sculpture was covered with a thin layer of chalk and glue that sometimes incorporated white lead. After polishing, several layers of red clay mixed with glue were applied on the parts to be gilded. Once dry, the red clay was burnished with short bristled brushes, over which the gold leaf was applied in two possible ways: either by wetting the red clay with glue in the area where the gold leaf was to be applied, or by fixing the gold leaf to the red clay with water. Once dry, the gold surface was burnished with agate stones until it acquired the appearance of brilliant, solid metal. Then, it was ornamented or polychromed; that is, tempera or thin oil paint was applied over the gold leaf until it was completely covered. Subsequently, all the details of floral motifs or other decorations could be added. Afterwards, the gilder would conclude the work of estofe or estofado by scraping the polychromy with a wooden stub or bone to make visible the gold underneath, thus elaborating figures, patterns, and so on, which gave the piece a great luminosity and richness of appearance. This procedure was also common during the eighteenth century in silver. Because silver tends to oxidize and acquire a black patina, however, it was rarely used with the scraping method; rather, transparent lacquers in red, green, or blue were applied over silver in a process known as *chineado*.

Encarnadura or encarne was applied over visible parts of the body, including the face, hands, feet, and, for crucifixes, most of the body. One or two coats of oil paint were applied directly over the white base, depending on the work. Once applied, and before dry, it was burnished with soaked cow's bladder, a process that conferred a shiny appearance. For blood in the images of Christ or of martyrs, varnishes or paints were applied, normally using *sangre de drago* (dragon-tree blood), which, in addition to being semi-transparent, would build up in repeated applications to provide three-dimensionality.

During the eighteenth century, many devices were commonly used to increase the realism of the figures. Faces were made of masks, from the back of which glass eyes and palates made of mirrored glass were inserted. The eyes were made of very thin glass, heated and pressed on clay molds to give them their globular shapes. They were painted from the inside, which created the effect of a human-like shimmer. Additionally, small teeth made of mica were frequently included, and sometimes even real teeth, depending on the size of the piece. Wigs and eyelashes were made of real hair. Occasionally, fingernails made of thinned horns were attached to the figures' hands. Ropes, crowns of thorns, costumes, and wigs were real; linens and lace were used for the loincloths and underskirts, and silks, satins, and velvets for the tunics, capes, and mantles. Over these could be attached iron supports for crowns and halos. The halos, crowns, flowers, or other accessories that the iconography of the figure demanded were made of silver.

Essentially, sculptural works could be of three types: first, figures of a single piece, carved or molded and fully polychromed in the method that has been described; second, statues destined to be dressed, with schematically rendered bodies made of wood or maguey, glued fabric, and carved or modeled faces and hands, which were polychromed; and third, figures also meant to be dressed, in which the sculptor only made the faces and hands and mounted them on a mannequin or armature, known as a *bastidor* (frame) or *candelero* (candlestick).

THE DEVELOPMENT OF COLONIAL SCULPTURE IN THE AUDIENCIA OF CHARCAS

In the Andes during the colonial period, the Spanish tradition of polychromed wooden sculpture was inflected by the pre-Hispanic tradition of polychromed ceramic and stone sculpture. Three periods can be distinguished in the history of colonial sculpture in the Audiencia of Charcas, particularly in Potosí: Renaissance and Mannerist (1550–1630), Baroque or Realist (1630–80), and Mestizo Baroque (1680–1790). With the advent of Neoclassicism (1790–1830), the theatricality of polychromed sculpture fell out of fashion, and from high art it descended to the realm of a folk or popular art form.

Although at first colonial Bolivian sculpture revealed the influence of Italian Renaissance and Mannerist art, the influence of Spanish sculpture eventually became more dominant. The importation of carved and polychromed objects from Spain throughout the colonial period exerted an exceptionally strong influence on the artists in the region. Works reflecting this influence include: the *Virgin of La Paz* (1550) in the cathedral of La Paz, by an unknown artist; the *Virgin of the Rosary* in the church of Santo Domingo, in Potosí; Martínez Montañes's *Virgin of the Immaculate Conception* in the cathedral of Oruro; and other works that served as models, particularly for Indian sculptors.

The Renaissance and Mannerist period in the audiencia was distinguished by the presence of Spanish artists such as the Hernández-Galván brothers, who created the main altarpiece of La Merced in La Plata in 1582, and Ortiz, who created the *Crucifixion* in the church of the Recoleta in Cochabamba in 1580 (fig. 1); Ortiz later worked in Potosí. Italian artists were also active during this period. Bitti created the altarpieces for the church of Asunción in 1584 in the village of Juli on Lake Titicaca and the *Virgin of the Immaculate Conception* in the village of Challapampa, near Juli. In addition, Medoro produced the *Christ*, dated 1600, for the

Fig. 1 DIEGO ORTIZ
Crucifix, 1580, polychromed wood, Iglesia de la Recoleta, Cochabamba, Bolivia.

church of Yotala, Chuquisaca, near Sucre. The style of this period is characterized by beautiful, elongated, elegant figures in contrapposto stances; they are typically depicted in frontal view. An important example of this style is the *Saint Barbara* by an unknown artist, originally from the Santuario de Manquiri, and now in the Museo de la Casa Nacional de Moneda in Potosí (pl. 25).

Among the important Indian sculptors of this period are Tito Yupanqui and Acosta Túpac Inca, both active in Copacabana between 1582 and 1655. Tito Yupanqui studied sculpture in Potosí with Ortiz; after completing his training, he executed the *Virgin of Copacabana* in 1582 using as a model the Spanish image of the *Virgin of the Rosary* of the church of Santo Domingo in Potosí. This famous statue of the Virgin

Fig. 2 DIEGO ORTIZ?
Detail of *Cristo de la Vera Cruz* (Christ of Veracruz), circa 1582, polychromed wood, Convento Franciscano de San Antonio de Padua, Potosí, Bolivia.

Fig. 3 FRANCISCO TITO YUPANQUI
Virgen de Copacabana (Virgin of Copacabana), 1582, polychromed wood, Santuario de Copacabana, Departamento de La Paz, Boliva.

of Copacabana is technically the Virgin of the Candlestick, whose name was changed when she was enthroned in the church of the village of Copacabana on Lake Titicaca (fig. 3). Given the immediate devotion that this image generated in Copacabana, Tito Yupanqui produced many copies for other places, including Cocharcas in Peru, Cochabamba and Pucarani in Bolivia, Rio de Janeiro in Brazil (from which derives the name of the harbor of Copacabana), and Seville in Spain. In turn, Acosta Túpac Inca, Tito Yupanqui's disciple, created the main altarpiece for the church of Copacabana on Lake Titicaca (located today in one of the chapels) in 1618. Following his teacher's example, Acosta Túpac Inca also created many images of the Virgin, including his own *Virgin of Copacabana*, signed and dated 1642, for the convent

of San Agustín in Cuzco (located today in the chapel of Jesus, Mary, and Joseph), and another one located in the convent of Santa Teresa in that same city. Stiffer and more frontal, the images produced by Indian artists during this period contrast with the greater elegance and rhythm of those executed by Europeans (pl. 31).

The Baroque sculpture of the Audiencia of Charcas may be divided into two expressive modes: a moderate Baroque derived from the School of Seville, characterized by a greater emphasis on naturalistic realism, and a more dynamic form that culminated in the aesthetic hyperrealism of the Mestizo Baroque. The main center for the production of Baroque sculpture was, without a doubt, Potosí, followed closely by the city of La Plata.

Fig. 4 GASPAR DE LA CUEVA
Ecce Homo, 1632, polychromed wood, Convento de San Francisco, Potosí, Bolivia. (Originally made for the Iglesia de Copacabana, Potosí.)

Fig. 5 GASPAR DE LA CUEVA
Cristo atado a la columna (Christ at the Column), circa 1645, polychromed wood, Catedral de Potosí, Potosí, Bolivia.

Realism was represented by the disciples and followers of Martínez Montañes. The style is exemplified by figures that, without ceasing to be beautiful, are credibly realistic. Many are meant to be seen in the round and some include such additions as glass eyes. The most notable representative of this tendency is the sculptor Gaspar de la Cueva, born in Seville in 1589. A follower of Martínez Montañes's style, he worked first in Lima and later in Potosí, where he remained from 1632 until his death in around 1650. Carving, gilding, and polychroming his sculptures, in 1632 he signed an *Ecce Homo* in the convent of San Francisco in Potosí (fig. 4); this work later served as the basis for identifying the remainder of his oeuvre, with the additional support of contracts and other documents. The artist executed a significant number of works of high quality, including the signed *Saint Bartholomew* of Sica-Sica in the department of La Paz, and a *Trinity* or *Coro-*

nation of the Virgin, the main altarpiece of San Agustín, of which only the figure of *God the Father* survives. From the same altarpiece are reliefs of *Saint Apollonia, Martyr* (pl. 28), *Saint Mary Magdalene* (pl. 27), and *Saint Teresa*, which are today in the convent of San Francisco in Potosí. Located in the church of San Lorenzo are two magnificent works: a *Crucifixion* and a *Christ at the Column*. Another fine *Christ at the Column*, is preserved in the sacristy of the cathedral (fig. 5). Apparently, de la Cueva's last work was the *Christ of Burgos* of San Agustín created around 1650.

The Master of San Roque and the Master of Santa Mónica, known for their works in the churches of Potosí bearing those names, were imitators and followers of de la Cueva's art. Another sculptor of this tendency was the native of Jerez, Luis de Espíndola, who was also in Lima and worked in La Plata and Potosí between 1638 and 1646. He created the

Fig. 6 ATTRIBUTED TO THE MASTER OF SAN ROQUE *Santiago en la batalla de las Navas de Tolosa* (Saint James in Battle), circa 1647, Museo de Bellas Artes, Santiago de Chile.

Fig. 7 LUIS DE ESPÍNDOLA *Escena de la vida de San Antonio de Padua* (Scene from the Life of Saint Anthony of Padua), polychromed wood relief from the altarpiece of Saint Anthony of Padua, Convento de San Francisco, Potosí, Bolivia.

reliefs of the altarpiece of Saint Anthony of Padua in the convent of San Francisco in Potosí (fig. 7), as well as a *Saint John the Baptist* and a *Saint John the Evangelist* now in the Museo Charcas in Sucre. Luis de Peralta was another sculptor of this group. He signed the *Christ* of the Asilo de Ancianos (Old-Age Home), formerly the chapel of San Roque in Potosí. Related to the style of the School of Granada are two statues of *Christ Gathering His Clothes,* one in San Miguel in Sucre, and the other in the Museo Nacional de Arte in La Paz. The *Saint Francis of Assisi* preserved in the cathedral of Sucre and the *Saint John the Baptist* of the church of San Miguel, also in Sucre, both demonstrate a Castillian influence.

From the first half of the eighteenth century dates a notable group of sculptures associated with the pictorial style of Melchor Pérez Holguín. Coincidentally, all of these works portray images of Franciscan or Carmelite saints, but they are distinguished by the renderings of the heads and hands, which recall figures in paintings by Holguín. It is still unknown whether these images were actually created by the artist, but it was not uncommon for painters also to produce sculptures. Examples of these works are the *Saint Peter of Alcántara* in the convent of Santa Teresa in Potosí, a *Franciscan Saint* in the convent of San Antonio de Padua (fig. 8), also in Potosí, and the *Saint Peter of Alcántara* in the church of San Francisco in Sucre (pl. 33).

With the disappearance of the Spanish masters, the art of sculpture remained entirely in the hands of Indian and mestizo artists, most of them unknown. In a seemingly paradoxical manner, these artists began to transform Mannerist aesthetic principles to achieve a Baroque aesthetic; the result was the exuberant and hyperrealistic art of the Mestizo Baroque. Mestizo Baroque figures are treated with a great degree of real-

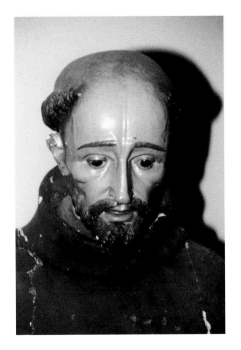 

Fig. 8 UNKNOWN ARTIST
(style of Melchor Pérez Holguín)
Detail of *Santo* (Saint), circa 1720,
polychromed wood, Convento Franciscano
de San Antonio de Padua, Potosí, Bolivia.

Fig. 9 LUIS NIÑO
Detail of *Virgen de la Candelaria* (Virgin of the Candlestick), circa
1730, polychromed wood, Iglesia de Sabaya, Sabaya, Oruro, Bolivia.

ism: they are typically intended to be dressed, and have costumes of lace and embroidered fabrics, often for processional use, as well as glass eyes, wigs, and mirrored palates. An example is the *Christ at the Column*, signed in 1657 by the Indian Diego Quispe Curo, located in the Recoleta in La Plata. The *Crucifixion* in the old convent of El Carmen in La Paz is another example of this same type. Dressed figures, such as Saint Peter and Saint James, which are found in the majority of the parish churches in La Plata and in Potosí and its provinces, are characteristic of this period.

It is necessary also to mention important sculptors such as Luis Niño, who created the sculpture of the *Virgin of the Candlestick* for the main altarpiece of the church of the village of Sabaya, located under the Sabaya volcano, in the department of Oruro (fig. 9). In addition, he created the renowned painting of the *Virgin of Sabaya* in the Convento Franciscano de la Recoleta in Sucre (pl. 10) and one in the Museo de la Casa Nacional de Moneda in Potosí. Niño was also a distinguished goldsmith, who produced and signed the main monstrance of the Cathedral of La Plata. Other notable sculptors include Manuel Ignacio de Córdoba, who was bet-

ter known as a painter, and Lázaro Coro, an Indian mentioned in contracts and other documents whose work has not yet been identified. An example of a sculpture made in an Indian workshop is the *Seated Virgin* in a private collection in La Paz (pl. 34). The influence of Potosí's sculpture also reached the missions of Chiquitos in the lowlands, as the *Recumbent Christ* of San Ignacio in Chiquitos (present-day Velasco) demonstrates.

A Baroque genre now mainly considered a popular art form is miniature sculpture, which included individual figures, as well as groups of figures and objects arranged in scenes, such as the Nativity. These sculptures were often displayed in stagelike boxes whose top, front, and sides could be opened at Christmastime and then closed and stored until the following year. A small relief of the *Virgin of Sorrows* in a private collection in Sucre contains a smaller miniature, a scene of the Flagellation of Christ (fig. 10).

The transition from the Mestizo Baroque to the Neoclassical period is exemplified by a *Saint James the Moor-Slayer* in a private collection in La Paz (pl. 35). This work, distinguished by its technique, consisting of the use of maguey and glued

Fig. 10 UNKNOWN ARTIST (La Plata School)
Virgen Dolorosa (Virgin of Sorrows), circa 1775,
polychromed wood and glass, Private Collection,
Sucre, Bolivia.

fabric, embodies the dynamism of the Baroque and a type of
attire and color scheme that is typically Neoclassical.

Finally, an important legacy of colonial sculpture may be
found in personages transformed by the art of mask-makers,
embroiderers, and miniature makers of *alsitas,* veritable feasts
of miniature offerings, which revive the magic of theatrical
sculpture, keeping the tradition of technique and myth
alive—a survival of the Baroque as a mestizo form of expression and of the grotesque as the artistic expression of today.

ALTARPIECES AND PULPITS

Based on contractual documentation and the presence of
specific artists in Potosí, it can be stated that the best altarpieces and pulpits in the audiencia were found in Potosí.
Nevertheless, precisely because of the great wealth generated by the silver mines, older works of art were continually
replaced by newer ones. Today, the majority of churches in
Potosí are filled with Neoclassical or academic altarpieces
that replaced the Mestizo Baroque ones, as these altarpieces
had replaced the Renaissance and Mannerist ones. Because

of this fact, the best surviving examples of wooden architecture in the audiencia are found in the neighboring city of La
Plata, northeast of Potosí.

The main altarpiece of La Merced in La Plata, by the
Hernández-Galván brothers, is an important Renaissance
work. These artists also executed what was once the main
altarpiece of San Francisco in La Paz, which has been in the
church of the village of Ancoraimes near Lake Titicaca for
two centuries. The side altarpieces in the Santuario de Copacabana on Lake Titicaca are important examples of the transition from Mannerism to the Baroque. The parish church of
Copacabana in Potosí houses three altarpieces also representative of the transition from Mannerism to the Baroque.
Notable among these is the altarpiece of the *Virgin of Solitude*
in the left side of the transept, a work by the sculptor Toro,
executed around 1685.

The advent of the Baroque in the Audiencia of Charcas
is especially evident in the altarpieces, which are large, profusely carved, gilded, and polychromed ensembles that covered the wall at the eastern end of the church and spread to
the sides, establishing an artistic relationship with the pulpits
and the frames of the large canvases on the side walls. Typically Baroque elements, such as the spiral solomonic columns,
together with pre-Hispanic, Medieval, and Mannerist elements in overcrowded ensembles, converge in these settings.

There are numerous documented references to important
altarpieces produced in La Plata and Potosí that have disap-
peared, having been relocated or destroyed by changes in
fashion during the nineteenth century. This is the case of the
second main altarpiece in the cathedral of La Plata, executed
by Giménez de Villareal, who also created the choir stalls of
San Francisco in that city (fig. 11); the altarpieces produced
for the Franciscan church of San Antonio de Padua in Potosí
by Alcócer in 1634 and Espíndola in 1643; and the altarpieces
that have been documented as the work of the sculptor
Obregón. Among the altarpieces that still survive are the
main altarpiece of San Juan de Dios in Potosí, by the sculptor
Ortega; and Juan de Ibarra's altarpiece of Our Lady of Sorrows, dated 1682, located in the left transept of Santo
Domingo in La Plata.

In the typically eighteenth-century Mestizo Baroque

Fig. 11 JUAN GIMÉNEZ DE VILLAREAL
Choir Stalls, 1677, Convento de la Recoleta, Sucre, Bolivia. (Originally made for the Iglesia de San Francisco, Sucre.)

works, decoration becomes exuberant, covering the architecture, which is dominated by a *horror vacui*. Here, sirens, caryatids, cherubs, angels, parrots, monkeys, and tropical and liturgical fruits fight over the decorative space and cover the architectural elements to the point of making them almost unrecognizable. Examples of this style include Juan de la Cruz's altarpiece of the Man of Sorrows and the main altarpiece, from 1695, of San Miguel in La Plata. The main altarpiece and the pulpit of the church of La Merced in La Plata (fig. 12), and the main altarpiece of San Benito in Potosí also exemplify this tendency. Notable in the provincial region is the decorative richness of the main altarpieces in Puna and in Salinas de Yocalla in the vicinity of Potosí. The latter work has been transferred—and recently re-assembled—in the church of the convent of Santa Teresa in Potosí (fig. 13).

A few important examples date from the Neoclassical period. Neoclassical buildings, altarpieces, and pulpits produced in the Audiencia of Charcas are very different from those produced in Europe. These works were largely inspired by late Baroque treatises, such as Father Pozzo's *Perspectiva*, and frequently incorporated Rococo decorative elements, such as rocailles. In addition, the majority of these altarpieces and pulpits were no longer made of carved and gilded wood, but of white painted masonry in imitation of marble, with specific details gilded with gold leaf. Manuel Sanahuja designed and executed the main and side altarpieces of the cathedral of Potosí in this style, as well as the altarpiece of Christ of the Cross, produced for the Franciscan church of Potosí. In La Plata, this style is exemplified by the side altarpieces and the pulpit of the cathedral, the altarpieces and

Fig. 12 UNKNOWN ARTIST
Pulpit, Iglesia de La Merced, Sucre, Bolivia.

Fig. 13 UNKNOWN ARTIST
Main Altarpiece, Chapel of the Convento de Santa Teresa, Potosí,
Bolivia. (Originally made for the Iglesia de San Antonio de los Lípez,
Salinas de Yocalla, near Potosí.)

pulpit of the church of the convent of Santa Teresa, and the altarpiece of the transept of Santo Domingo.

COFFERED CEILINGS AND WOODEN ROOFS

One of the distinctive features of the art of the Audiencia of Charcas is the survival of the *mudéjar* tradition of coffered ceilings. Of those extant in Potosí, the oldest is found in the church of Santo Domingo, which was built between 1581 and 1609. The coffered ceiling is the work of Lázaro de San Román, who designed a rectangular plan and decorated rafters with knots and stars of eight. Other artists who executed works in Santo Domingo include Juan de Andrada, who constructed the no-longer-extant coffered ceiling of the main chapel, as well as Pedro Durán, who built the choir in 1633.

The Potosí church of La Merced was constructed between 1570 and 1620. Between 1629 and 1630 Lázaro de San Román and Alonso Góngora constructed the coffered ceiling of the nave. The midpoint of the wood-paneled ceiling is completely covered with lace work that alternates circles-of-eight with round pendants of nine knots, while in the rafters' slopes the truss has two bands of lace work of stars-of-eight (fig. 14).

The great Potosí monument of mudéjar architecture is the Indian parish church of Copacabana, completed by the Augustinians in 1685. It was erected to commemorate the miraculous Virgin of Copacabana, whose sanctuary on Lake Titicaca was also under the order's guardianship. This church has a Latin cross plan with an octagonal coffered ceiling by Lucas Hernández above the presbytery and the transept. The

Fig. 14 LÁZARO DE SAN ROMÁN AND ALONSO GÓNGORA Ceiling, early 1629–1630, Nave of the Iglesia de La Merced, Potosí, Bolivia.

transept has hemispheric vaults placed over pendentives made completely of wood, following models by Sæbastiano Serlio. The vault has seven rows of coffers, one heptagonal, four inferior octagonal ones, and two superior hexagonal ones, all irregular, that narrow and elongate progressively, emphasizing the sense of grandeur and perspective, with radial lines converging at the geometric center of the vault, where the lantern is located.

A simpler coffered ceiling is found in the chapel of the Potosí convent of Santa Teresa, which was built around 1692. The ceiling, dating from the beginning of the eighteenth century, consists of a truss composed of rafters and knots, richly polychromed and decorated with motifs typical of the Mestizo Baroque (fig. 15). The coffered ceiling of the chapel of Jerusalén, also in Potosí, repeats this constructive and decorative scheme.

Various coffered ceilings are preserved in the city of La Plata. The church of San Francisco has four of them. The main one is the transept's: an even octagon, its principal panel with a sixteen-pointed star. The presbytery, very short, has a common octagon. The one in the side chapel of the Epístola is important; it is also octagonal like the transept's, although slightly rectangular and smaller. The transept's coffered ceiling is the product of Martín de Oviedo, who worked in association with Diego de Carvajal. Both artists came from Potosí, where they had been active for some time. The nave's coffered ceiling is composed of rafters and knots and is completely polychromed.

The Jesuit church in La Plata was finished in 1620. Its plan was designed as a Latin cross with one aisle. It is the richest example of a roof with a mudéjar truss found in the Viceroyalty of Peru. The identity of neither the creator of the building, nor of the trusses, is known. The transept's coffered ceiling is octagonal, similar to the one in San Francisco, although the panels' knot lace work comprises three horizontal bands alternating stars-of-six and heptagons. The central panel is open in the center and has a lantern with interior grotesquerie decoration. The presbytery and the transept's arms have octagons. The main nave and the truss, comprised of rafters, knots, and lace work, is simple in its decoration.

The church of La Merced in La Plata was designed by Juan de Vallejo. By 1582, its main altarpiece was already completed by the Hernández-Galván brothers. Although the roofing of the main nave is vaulted, the chapels are wooden structures, and the right-hand chapel is distinguished by its beautiful, elongated, octagonal, coffered ceiling, which has been attributed to the architect Rodríguez Matamoros. Other examples of this type of work include the church of San Roque and the chapels of the convents of Santa Clara and Santa Teresa.

The most important mujédar example of provincial architecture is the church of San Luis de Sacaca, in the department of Potosí. Designed as a Latin cross with an elongated nave, this church has a truss roof with a central panel, comprised of rafters and knots. The presbytery and side chapels have independent coffered ceilings, the most important of which is the presbytery's, which is octagonal, with the central panel decorated with lace work comprised of stars-of-eight and loop-shaped pendentives.

CONCLUSION

The development of wooden sculpture and architecture in the Audiencia of Charcas, particularly in Potosí, during the colonial period was notable. Wooden sculpture was used to proselytize, kindle the faith, and transmit artistic, religious, and political ideas. Indeed, during this period, many figurative sculptures were treated almost as if they were living beings, blurring the boundaries between fiction and reality. For example, during celebrations of Holy Week in the eighteenth century, sculptures of Christ—with articulated neck and shoulders—were manipulated to represent the sequential scenes of his nailing to the cross, his agony and death, his descent, and finally his entombment. These theatrical celebrations also included sculptures of the Virgin of Sorrows,

Fig. 15 UNKNOWN ARTIST
Ceiling, early 18th century, Chapel of the Convento de Santa Teresa, Potosí, Bolivia.

Saint John the Evangelist, Mary Magdalene, and many others, and were distinguished by the syncretic blending of Andean and Catholic beliefs and customs, as well as the Baroque sense of the grand theater of the world of Calderón.[1] The crucial role that wooden sculptures played in them testifies to the cultural and social importance of the profession of the sculptor during the colonial period.

Translated by Ilona Katzew

Note
1 These celebrations still take place today in many parts of the country, especially in the region of Chiquitos. Some have become popular dances, such as la diablada in the Bolivian highlands, in which the dancers, wearing polychromed costumes and masks, represent celestial struggles of demons and the seven cardinal sins against legions of angels, at the end of which all the dancers pay homage to the image of the Virgin Mary.

Silver: From the Cerro Rico to the Spaces of Daily Life

José de Mesa

The abundance of silver in Potosí from 1545 to 1800 created a flourishing art and industry, making the silversmith's guild one of the most powerful in the city. During the colonial period, a substantial number of silversmiths were employed not only in Potosí, but throughout the Viceroyalty of Peru. They crafted a variety of religious objects and household items that were esteemed not only for their beauty, but for the integral functions they served in the rituals of everyday life.

Silversmithing, as an art and industry, flourished throughout the Viceroyalty of Peru, in places such as Potosí, Oruro, La Paz, and the Lake Titicaca area, where there is still a site called Platerías, which in Spanish means both silverworks and silversmith shops. Smaller amounts of high-quality silverwork were also produced in other important cities, such as La Plata, Cochabamba, and Santa Cruz. In the last, a city in the tropical zone, was an important silversmith's guild that produced an array of finely crafted, as well as ordinary, objects for liturgical and everyday use.

In Potosí, as in all other cities of the Viceroyalty of Peru, silversmiths were regulated by the guild system. They started as apprentices in a guild-approved master's workshop. Once they had proven that they had sufficient skill and knowledge, they were promoted to the rank of craftsman. After a few more years working alongside the master, candidates were allowed to take a test administered by the guild. Those who succeeded would become masters themselves and would be allowed to open their own workshops.

There were several silversmith workshops in Potosí. Although very few of their works have been identified, the historian Mario Chacón has identified the names of numerous masters and has determined the types of objects they produced. Reflecting the prestigious status of the silversmith's guild, most were Spanish. Among these masters were two goldsmiths: Alonso Negrillo, from Madrid, who sold a black female slave in 1601 because he was returning to Spain, and Juan Espeluzín, a Basque, who died in Potosí and was honored with burial in the Capilla de Aranzazu, a cemetery reserved for the natives of Biscay. Other Spanish masters included Juan Rodríguez Tarrío, who created the monstrance of the cathedral of Potosí in 1618, and Pedro de Bonifaz and Lorenzo Yáquez de Ayala, who made the three altar frontals of the church of San Francisco in 1728. There were also some "foreign" masters in Potosí, such as Andrés Obregón, a native of Quito (1685), Esteban Salas, a native of Santiago de Chile (1609), and Manuel de Sejas or Seixas, a native of Lisbon, who made a stop in Potosí around 1636 en route to Buenos Aires and who may have been of Jewish descent .

In addition to the Spanish masters, there were also many mestizo ones. Alejo Calatayud should be singled out among this group. Bartolomé Arzáns de Orsúa y Vela, who knew him personally, wrote that he was "a man of great energy and wisdom, very well versed in history." Calatayud, who demanded respect for the rights of craftspeople, lower taxes, and the nomination of mayors born in the Audiencia of Charcas, and not in Spain, was the leader of a 1731 mestizo revolt against Spanish rule in Cochabamba. He was eventually captured and hung for his role in this revolt.

Only one workshop is known to have had Indian silversmiths, and there were few Indian masters. One of them was

Martín Cauta, a native of Chucuito, a town on the shores of Lake Titicaca. Chucuito's silversmithing tradition goes back to the times of the Inka, when ceremonial silver objects were made there. Two other Indian masters include Felipe and Carlos Ataucuri, born in Cuzco, who were active between 1680 and 1690. Last, but not least, was Luis Niño, who was also an excellent painter, sculptor, and goldsmith. Niño, who was highly praised by Arzáns de Orsúa y Vela, made the monstrance of the Cathedral of Sucre, commissioned by Monsignor Alonso del Pozo y Silva.

In addition to Indians, Africans also worked in silversmith workshops. Most were slaves, such as an individual by the name of Ambolumbé, active around 1763, and Manuel Angola, a silversmith who was sold in 1619 by his owner, Esteban Salas. Archival documents also reveal that in 1676 Francisco Luis de Jesús, a free black *(moreno libre)* who was a master goldsmith and silversmith, took in one Ignacio de Vargas as an apprentice.

In the mid-eighteenth century, many Potosino craftsmen, including silversmiths, migrated to La Plata, the future capital of the viceroyalty, and to Buenos Aires, probably forced by the economic depression that swept Potosí. We know that the Potosino silversmiths Díaz, Domínguez Argüello, Duarte, Duque, and Rodríguez had active shops in Buenos Aires between 1748 and 1777, from documents indicating that they refused to contribute to Potosí's Corpus Christi celebration.

Before its economy deteriorated and its craftsmen migrated, Potosí exported fine silver and gold works. The Potosino silversmiths Peralta, Zárate, and Marín, for example, worked for the Jesuit administrator of the provinces of Tucumán, Buenos Aires, and Paraguay, and a number of silverworks crafted in Potosí decorated the Jesuit missions in those territories. Only one precious-stone master craftsman is mentioned in the documents found in the Potosí archive—José Lucio y Villegas, who is said to have conducted an expert appraisal in 1802.

Toward the end of the eighteenth and the beginning of the nineteenth century, some Potosino silversmiths also worked as engravers. One of them was Juan de Dios Ribera (a son of the famous Concha Tupac Amaru), who was born in Cuzco in 1760 and died in Buenos Aires in 1824. In 1808

Fig. 1 DIEGO DE OCAÑA
Virgen de Guadalupe (Virgin of Guadalupe, Spain), circa 1600, oil on canvas, covered with silver plaques inset with pearls and other jewels, Capilla de Guadalupe, Catedral, Sucre, Bolivia.

Ribera produced an engraving for the municipality of Oruro, which was presented to the town council of Buenos Aires, and in 1813 he created the seal of the Argentine Assembly.

Other nineteenth-century Potosino silversmiths were Guzmán, whose signature appears on a candelabrum; Valentín Jiménez, a native of the city, who worked there around 1816; and Teodoro Arévalo, whose signature appears on a miniature silver decoration for a nativity scene. It was a Potosino custom to display miniature silver objects—furniture, china, flower vases, candelabra, and so on—next to an image of the infant Jesus on Christmas Day.

Although the production of monumental and artistically ambitious silver objects declined in the nineteenth century,

Fig. 2 UNKNOWN ARTIST
Ostensorium for Maundy Thursday Procession, 18th
century, hammered and repoussé silver, Museo de Arte
Sacro de la Catedral, Sucre, Bolivia.

Fig. 3 UNKNOWN ARTIST
Portable Ostensorium in the Shape of a Pelican, 18th century,
hammered and repoussé silver, Museo de Arte Sacro de la
Catedral de Santa Cruz de la Sierra, Santa Cruz, Bolivia.

the art of silversmithing did not disappear. Small-scale works continued to be produced, and Indian silversmiths opened workshops in rural areas, which still exist; the most famous are in the town of Caiza in the Potosí district. Although silver has been largely replaced by nickel, which is obtained by smelting coins, household items such as soup tureens, sugar bowls, plates, and candlesticks are still made with traditional Baroque designs, primarily from nickel mixed with small amounts of silver. The silver-decorated batons used by Indian chiefs as a symbol of their rank also continue to be produced. These batons are decorated with expertly crafted silver rings, and have silver caps on each end.

Perhaps the most sophisticated objects produced by Potosino silversmiths during the colonial period were religious ones. The importance of religion during the viceroyalty was underscored by the lavish use of silver for the temporary decoration of the city during religious festivities and for the permanent decoration of its churches. Religious festivities were great public celebrations, and silver was displayed ostentatiously. Silver objects were used both to decorate the streets and the temporary altars built for processions. For example, the streets of Potosí were paved with silver ingots loaned by the wealthiest citizens of the city for the passage of the Blessed Sacrament carried by priests during the procession of Corpus Christi. However, the most spectacular example of the use of silver during religious festivities, documented in the local archives, is a carriage commissioned by the Marqués de Santelices to transport the Eucharist in the Corpus Christi procession; shaped like a sacrarium or altar shrine with twisted columns and a semicircular cupola, on top of which stood an image of Faith, this carriage was donated to the cathedral in 1745.

In his *Historia de la Villa Imperial de Potosí* (1737), the local historian Bartolomé Arzáns de Orsúa y Vela describes an altar with silver columns built in the Plaza de la Cebada by the Sons of Loyola in June 1624 to celebrate the canoniza-

Fig. 4 UNKNOWN ARTIST
Expository for Maundy Thursday Procession,
Collao, 1770, hammered and repoussé silver,
Museo de Arte Sacro de la Catedral de La Paz,
Bolivia.

Fig. 5 UNKNOWN ARTIST
Portable Sacrarium for Good Friday Procession, circa 1740, hammered and repoussé
silver, Museo de Arte Sacro de la Catedral de
Santa Cruz de la Sierra, Santa Cruz, Bolivia.

Fig. 6 UNKNOWN ARTIST
Monstrance of the Main Altar,
18th century, Museo de Arte Sacro
de la Catedral de Santa Cruz de
la Sierra, Santa Cruz, Bolivia.

tion of Saint Ignatius Loyola. Nearby was a figure seated on a silver throne that represented the city of Potosí. Elsewhere in the plaza was a silver-lined altar or arch built by the friars of San Juan de Dios; a similar work was installed at the corner of the church of San Francisco. It appears that all the decorations for this great festivity were produced by two artists, one German, the other Flemish. Since this was a Jesuit celebration, the Flemish artist may have been Brother Van der Bruggen, also known as Diego de la Puente, who had been working in the viceroyalty since 1616 and is known to have traveled widely throughout the territory, filling Jesuit houses and churches with his paintings.

In addition to the use of silver objects in religious festivities, silver objects were also widely used in altar decorations. In all churches—from the most extravagant cathedrals and convent chapels to the most modest parish churches—the main altar was always richly decorated, usually with expensive and ambitiously crafted silverworks. In the Potosí archives, there are also records of silver-winged and -clothed angels, some of which are now in private collections.

The types of altar decorations commonly made of silver during the viceregal era were vast. The altar frontal was a panel placed in front of the altar to cover the open space beneath it. About 3 feet (1 meter) high by 11½ feet (3.5 meters) wide, it was generally made of five pieces, each with a central design, circular or elliptical, featuring Christ, the saints, or decorative plant, bird, or other motifs (pl. 41). Arches were placed in the central niche of the second panel of the altarpiece, with an image or statue of the saint or virgin to which the church was dedicated. At the center of the altar itself was a sacrarium, an altar shrine shaped like a cupboard where the liturgical vessels were kept; the sacrarium has a front door that may be opened and closed with a fixed key and is typically lined in silver decorated with architectural motifs (pl. 46). On either side of the sacrarium was a set of three small steps used to hold candlesticks and *mariolas* or *mayas*—

Fig. 7 UNKNOWN ARTIST
Ciborium, 18th century, hammered and gilded silver encrusted
with enamels and jewels, Museo de Arte Sacro de la Catedral de
Santa Cruz de la Sierra, Santa Cruz, Bolivia.

gical objects used during the Mass that were generally wrought in gilded silver, in styles ranging from Mannerist, to Baroque, to Neoclassical; many were decorated with semi-precious stones or enamel, and some were wrought in gold. The chalice is a communion cup in which the priest consecrates the wine, thus transforming it into the blood of Christ according to Catholic belief, while the ciborium is a larger hemispherical cup for the consecrated wafers intended for the faithful. It becomes a perfect sphere when covered by its hemispherical lid topped by a cross.

Three sacring tablets were also placed on the altar. The one on the right includes the Epistle and the Gospel, which are read at the beginning of the Mass. The one in the middle is inscribed with prayers for the consecration of the bread and wine. And the one on the left is inscribed with the prologue to Saint John's Gospel, which until the mid-twentieth century was read after the final blessing (pl. 36). Large candlesticks, often 6½ feet (2 meters) high, each consisting of an ornamental stem mounted on a circular or square base, topped by a wax bowl and candle pricket, stood on the altar as well (pl. 37, 47). A tenebrae candlestick holds fifteen candles, in the shape of an inverted triangle. In addition to the candlesticks, a censer, a cup-shaped pan used to burn incense mixed with coal also stood atop the altar; its perforated cover could be lifted or lowered by pulling or releasing a set of chains (pl. 38). The holy water basin, a cup-shaped vessel for holy water, has a metal bottom and handles. Finally, the cruet set consisted of two small glass or silver bottles filled with water and wine, carried on a small oblong platter and used in the Mass.

In addition to religious objects, many ordinary household items used by affluent people in the Audiencia of Charcas were made of silver. Among them were tablewares, such as the *compotera*, a round, covered dessert dish with three legs, designed in the Neoclassical style; the *olla*, a pot decorated with stamped Baroque foliage in a semicircular pattern; the *chocolatera*, a conical chocolate pot in styles ranging from the Baroque to the Neoclassical; the *bernegal*, a traditional bowl with handles used to drink liquids, including wine, originally made out of ceramic and glass; the *jarros*, measuring cups with handles, in different sizes, used, among other purposes,

embossed, oval plates placed behind the candlesticks to reflect and increase the light from the candles, enhancing the splendor of the altar (pl. 42–43).

Several objects were placed atop the altar. The tabernacle was a large object similar to the sacrarium, often in the shape of a temple, with columns topped by a cupola. A sliding door closes the spaces between the columns; when the door was open, the faithful could see the monstrance—the vessel in which the consecrated host is held. The monstrance is a sumptuously decorated, gilded silver object that resembles a sun-shaped disk with rays, generally inlaid with precious stones, standing on a stem intricately decorated with three to six ornamental knots, attached to a base with four legs (pl. 40). A small, circular gold box is at the center of this "sun" to hold the consecrated host, visible through glass front and back covers; it is surrounded by richly decorated mariolas with ornamental enameled tops that are generally blue and green.

Like the monstrance, the chalice and ciborium are litur-

to sell liquids; the *chifle*, a version of the cattle horn originally used to store gunpowder and, later, liquids for travelers, decorated with small, tubular silver ornaments in the mestizo style; the *mate*, a silver- or gold-tipped maté pot; and the *coquero*, a container used for maté leaves but more commonly used by wealthy to store coca leaves, which were chewed (pl. 51).

Other domestic silver objects included candelabra and candlesticks, which were also made of bronze and tin; the *sahumador* or *perfumero*, a burner that took on many shapes and was widely used during both the viceregal and the republican periods to perfume rooms, clothing, and other objects with aromatic substances; the *chofeta*, a small, flat, circular stove with one or two wooden handles that sat either on legs, or on a round base, and was used to light cigars or to warm the feet, depending on its size; and the *falca* or *alambique*, a small spindle-shaped still with a descending distillation tube coming out of its wide top, which sat on a bronze brazier and was used to distill liquors such as *singani* and *pisco* or *aguardiente* (pl. 49).

Other, more ordinary objects, were also made of silver. For example, many components of saddles and harnesses were made of or decorated with silver and gold, particularly during the viceregal period; these components included the pads and the upper part of the saddlebow, the bridle, the reins, the headstall, the stirrups, the girth fastenings, and other accessories. In addition, sanitary items, such as small chamberpots and washbasin sets were also made of silver. The sets comprised globular water jugs, with tall necks and wide spouts, and deep, broad-rimmed washbasins, with circular fillet bases. Finally, miners' lamps, introduced at the end of the sixteenth century as an alternative to candles and torches, were also made of silver. Adapted from the lamps that hung from walls in homes and churches, these lamps hung from miners' belts or clothes, freeing their hands. They consisted of a container filled with oil or a similar fuel, such as animal fat, with a cotton or wool fiber wick protruding from its spout. The container was welded to a handle decorated with Catholic religious images and images of pre-Hispanic gods to which the miner was devoted, and who, he believed, would protect him during his dangerous underground work (pl. 50).

Fig. 8 UNKNOWN ARTIST
Ewer and Basin with the Coat of Arms of Bishop Ochoa of La Paz, La Paz, circa 1770, hammered and repoussé silver, Museo de Arte Sacro de la Catedral de La Paz, Bolivia.

Finally, it must not be forgotten that coinage was made of silver. In 1572 Viceroy Francisco de Toledo began minting coins in Potosí, and he ordered the building of the first mint—the Casa de Moneda—in 1575. A new Casa de Moneda built in the 1760s functioned throughout the republican period of the 1860s and 1870s. Coin minting continued in Potosí until the beginning of the twentieth century, and all in all more than seven hundred different coins were minted. Potosino coins were used in the commerce between the Viceroyalty of Peru and the Philippines, and between the Philippines and China. This explains why some Potosino coins, newly stamped with the Chinese emperor's seal, became official currency in the Celestial Empire.

In addition to the religious objects and household items that reflected the influence of Hispanic culture, many silversmiths produced Indian and mestizo ceremonial objects. These included the *ch'alla* cups—large chalices used in ritual libations to attract goodness and happiness; the Callahuaya crosses—insignias worn on the chest, over the traditional

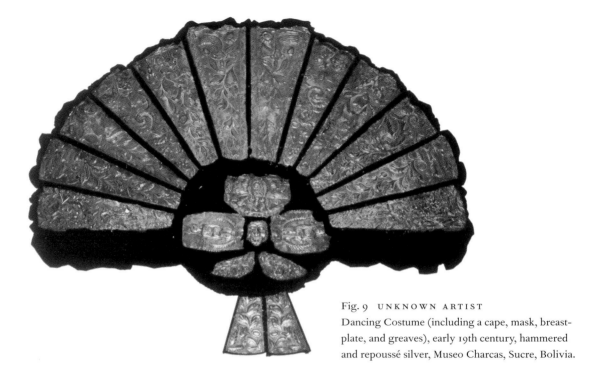

Fig. 9 UNKNOWN ARTIST
Dancing Costume (including a cape, mask, breast-plate, and greaves), early 19th century, hammered and repoussé silver, Museo Charcas, Sucre, Bolivia.

poncho, by members of the Callahuaya ethnic group from the region north of La Paz, who had been renowned since pre-Hispanic times as herbalists and itinerant doctors, and masks originally used in pre-Hispanic dances, to which Spanish elements had been added.

Another ceremonial object made of silver was the *tupu*, a pre-Hispanic pin with a large round top pierced in the middle through which a cord or fine chain could be threaded. Tupus came in different sizes. In the nineteenth century, as they adapted to the Neoclassic and Romantic styles, their shape changed to that of a palette decorated with a three-spoon motif; they are still in use today. Similarly, the *cahua* (breastplate), *corona* (crown), and *cinturón* (belt) are three silver items that are part of the traditional dress worn by the Laquitas in the local festivities in the district of La Paz. They are part of a profusely decorated ceremonial *coracina* (cuirass) or *cahua*—the ancient Aymara *unku* (tunic)—that is worn over the shoulders.

Silver-decorated batons and whips symbolized the power of Indian authorities in the Altiplano. Inspired by the *vara*, a baton used by Spanish mayors, batons have ornamental silver handles and tips and are decorated with small, ornamental silver tubes; their main body is made of *chonta*, a

dark, extremely hard, palm shoot. Whips, the emblem of the Hilacata, are relatively short—about 1½ feet (50 centimeters) long; they are made of tubes with rings and have leather strips are attached to a hoop at each end of the handle. Finally, masks, helmets, capes, breastplates, leggings and other items mostly worn by Indians and mestizos during religious festivities were also made of silver.

Like the painting, sculpture, and architecture that emerged in Potosí during the colonial period, its silverwork was not only aesthetically distinctive, but played an integral role in the everyday lives of the city's inhabitants. Whether in the form of the silver ingots laid in the streets during certain religious festivities, the finely wrought liturgical objects used during the sacrament of the Eucharist, the objects that decorated the tables of the Spanish elite, the lamps used by the mitayos to illuminate the hellish darkness of the mines, the batons proudly displayed by Indian chiefs to symbolize their authority in their communities, or, perhaps most pertinently, the coinage through which goods and services were bought and sold, silver was extricably integrated into the reality of everyday life.

Translated by A. M. Simo

PLATES

1

FRANCISCO HERRERA Y VELARDE
(b. Spain, active in Potosí, 1640–1670)

María Magdalena renunciando a los bienes de este mundo
(Mary Magdalene Renouncing Her Worldly Goods), circa 1640
Oil on canvas, 40 ½ × 38 ¼ inches (103 × 97 cm)
Museo de la Casa Nacional de Moneda, Potosí, Bolivia

2

FRANCISCO HERRERA Y VELARDE
(b. Spain, active in Potosí, 1640–1670)

Ecce Homo, circa 1670
Oil on canvas, 65 ¾ × 44 ⅞ inches (167 × 114 cm)
Collection of Antonio Viaña, La Paz, Bolivia

3

MELCHOR PÉREZ HOLGUÍN
(Potosí, circa 1660–1742)

San Juan de Dios (Saint John of God), circa 1690
Oil on canvas, 41 × 31 ¾ inches (104 × 81 cm)
Museo Nacional de Arte, La Paz, Bolivia

4

MELCHOR PÉREZ HOLGUÍN
(Potosí, circa 1660–1742)

Éxtasis de San Pedro de Alcántara (Ecstasy of
Saint Peter of Alcántara), circa 1700
Oil on canvas, 32 × 21 inches (81.5 × 53.5 cm)
Museo Nacional de Arte, La Paz, Bolivia

5

MELCHOR PÉREZ HOLGUÍN
(Potosí, circa 1660–1742)

Descanso en la huida a Egipto (La Virgen lavandera) [Rest on the Flight into Egypt
(The Laundering Virgin)], circa 1710
Oil on canvas, 50 ¼ × 39 ½ inches (127.5 × 100 cm)
Museo Nacional de Arte, La Paz, Bolivia

6

MELCHOR PÉREZ HOLGUÍN
(Potosí, circa 1660–1742)

Huida a Egipto (The Flight into Egypt), circa 1714
Oil on canvas, 20 ⅞ × 18 ½ inches (53 × 47 cm);
frame: 48 ⅜ × 36 ¼ inches (123 × 92 cm)
Collection of Fernando Romero and Rosario Pinto de Romero, La Paz, Bolivia

7

MELCHOR PÉREZ HOLGUÍN
(Potosí, circa 1660–1742)

María Reina del Cielo (Virgen de Tiobamba)
[Mary, Queen of Heaven (Virgin of Tiobamba)], circa 1715
Oil on canvas, 58 ½ × 40 ⅛ inches (148.5 × 102 cm)
Collection of Mónica Ballivián de Gutiérrez, La Paz, Bolivia

8

MELCHOR PÉREZ HOLGUÍN
(Potosí, circa 1660–1742)

Piedad (Pietà), circa 1720
Oil on canvas, 42 ¼ × 31 ⅛ inches (108.5 × 79 cm)
Roberta and Richard Huber Collection

9

ATTRIBUTED TO LUIS NIÑO
(Potosí, active 1716–1758)

Virgen de la Fuencisla (Virgin of Fuencisla), 1722
Oil on canvas, 63 ⅜ × 43 ⅜ inches (161 × 110.5 cm)
Museo Nacional de Arte, La Paz, Bolivia

Retrato de la milagrosa Ymacen de Nra Sra de Sabaya, en la Provincia de Carangas. Vna de las que embio el Sr emperador Carlos quinto desde Roma en el descubrimiento de estos Reynos de cuias portentosas marauillas participan todos los que se le encomiendan.

LUIS NIÑO
(Potosí, active 1716–1758)

Virgen de Sabaya (Virgin of Sabaya), circa 1735
Oil on canvas, 80 × 52 ¾ inches (203 × 134 cm)
Convento Franciscano de la Recoleta, Sucre, Bolivia

11

LUIS NIÑO
(Potosí, active 1716–1758)

Virgen del Rosario con Santo Domingo de Guzmán y San Francisco de Asís (Virgin of the Rosary with Saint Dominic of Guzman and Saint Francis of Assisi), circa 1750
Oil on canvas, 37 ¾ × 29 ⅞ inches (96 × 76 cm)
Museo de la Casa Nacional de Moneda, Potosí, Bolivia

GASPAR MIGUEL DE BERRÍO

(b. Puna, 1706–1762, active in Potosí)

Patrocinio de San José (Patronage of Saint Joseph), circa 1737

Oil on canvas, 77 ⅛ × 99 ⅜ inches (196 × 252.5 cm)

Museo de la Casa Nacional de Moneda, Potosí, Bolivia

13

GASPAR MIGUEL DE BERRÍO
(b. Puna,1706–1762, active in Potosí)

La Divina pastora (The Divine Shepherdess), 1759
Oil on canvas, 33 ½ × 24 inches (85 × 61 cm)
Museo de la Casa Nacional de Moneda, Potosí, Bolivia

14

GASPAR MIGUEL DE BERRÍO
(b. Puna, 1706–1762, active in Potosí)

Coronación de la Virgen María con Santos (Coronation of the Virgin with Saints), circa 1760
Oil on canvas, 49 ¾ × 36 ¾ inches (126.5 × 93.5 cm)
Museo Nacional de Arte, La Paz, Bolivia

15

GASPAR MIGUEL DE BERRÍO
(b. Puna, 1706–1762, active in Potosí)

Coronación de la Virgen María por la Santísima Trinidad
(Coronation of the Virgin by the Holy Trinity), 1760
Oil on copper, 11 × 8 ⅛ inches (28 × 20.5 cm);
frame: 21 ⅛ × 14 inches (53.5 × 35.7 cm)
Collection of Carlos Iturralde and María Elena Costa, La Paz, Bolivia

16

GASPAR MIGUEL DE BERRÍO
(b. Puna, 1706–1762, active in Potosí)

Sagrada Familia con la Santísima Trinidad, Santa Ana y San Joaquín (Holy
Family with the Trinity, Saint Anne, and Saint Joachim), circa 1760
Oil on copper, 11 × 8 ⅛ inches (28 × 20.5 cm);
frame: 21 ⅛ × 14 inches (53.5 × 35.7 cm)
Collection of Carlos Iturralde and María Elena Costa, La Paz, Bolivia

17

GASPAR MIGUEL DE BERRÍO

(b. Puna, 1706–1762, active in Potosí)

San Juan Nepomuceno (Saint John Nepomuk), Potosí, 1760

Oil on canvas, 40 ½ × 32 ¼ inches (103 × 82 cm)

Collection of Fernando Romero and Rosario Pinto de Romero, La Paz, Bolivia

18

MANUEL IGNACIO CÓRDOBA
(Potosí, active 1758–1787)

San Francisco de Paula (Saint Francis of Paola), circa 1760
Oil on canvas, 44 ½ × 33 inches (112.5 × 84 cm);
frame: 54 ⅛ × 42 ½ inches (137.5 × 108 cm)
Museo Nacional de Arte, La Paz, Bolivia

19

UNKNOWN ARTIST
Potosí school

Reliquary with Saints, mid-18th century
Oil on wood, 14½ × 10½ × 2½ inches (36.7 × 26.8 × 6.4 cm) closed
Collection of Fernando Romero and Rosario Pinto de Romero, La Paz, Bolivia

20

UNKNOWN ARTIST
Potosí School

Virgen-Cerro (Virgin of the Mountain), circa 1765
Oil on canvas, 36 × 30 inches (91.5 × 76 cm)
Museo Nacional de Arte, La Paz, Bolivia

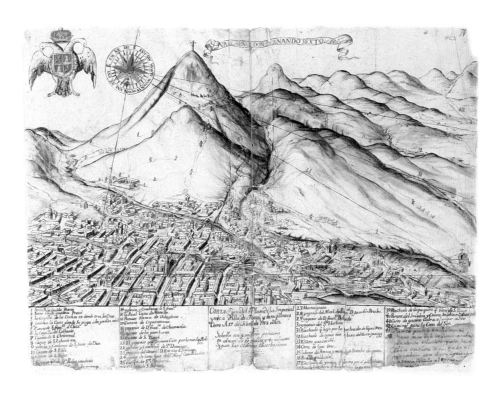

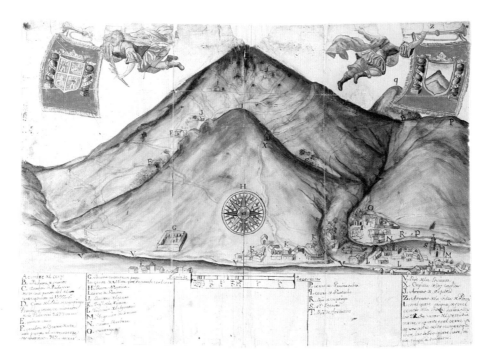

21

UNKNOWN ARTIST

*Corta Parte del Plan de la Ymperial yrrica Villa de Potosí y de su famoso Cerro
A 17 de Abril de 1758 años* (Plan of the Imperial and Rich City of Potosí and
of Its Famous Mountain on the 17 of April in the Year 1758), 1758
Ink on paper, 13 × 17⅛ inches (33 × 43.5 cm)
Museo de la Casa Nacional de Moneda, Potosí, Bolivia

22

UNKNOWN ARTIST

Vista de Potosí (View of Potosí), 18th century
Ink and watercolor on paper, 13⅜ × 18¾ inches (34.5 × 47.5 cm)
Museo de la Casa Nacional de Moneda, Potosí, Bolivia

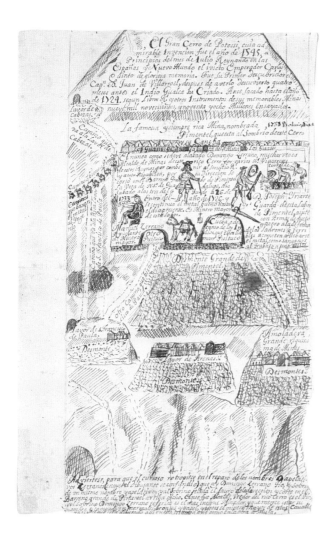

23

BARTOLOMÉ ARZÁNS DE ORSÚA Y VELA
(b. Potosí, circa 1680; active between 1710 and 1746)

La famossa y siempre rica Mina, nombrada Pimentel, que esta al Sombrío de este Cerro y su Cancha (The Famous and Always Rich Mine Named Pimentel, Which Is in the Shade of That Mountain and Its Field), 1724
Ink on paper, 11 ⅜ × 8 inches (29 × 20.2 cm)
Collection of Fernando Romero and Rosario Pinto de Romero, La Paz, Bolivia

24

BARTOLOMÉ ARZÁNS DE ORSÚA Y VELA
(b. Potosí, circa 1680; active between 1710 and 1746)

Demostrassion phissica de este Ingenio de Dos Cabeças, de Sⁿ· Diego de Alcalá (Layout of the Dos Cabezas Refinery of San Diego de Alcalá), 1724
Ink on paper, 11 ⅜ × 7 ⅛ inches (29 × 18.2 cm)
Collection of Fernando Romero and Rosario Pinto de Romero, La Paz, Bolivia

UNKNOWN ARTIST

Santa Bárbara (Saint Barbara), circa 1580
Polychromed maguey, paste, and glued cloth,
40 ⅛ × 17 ¾ × 17 ¾ inches (102 × 45 × 45 cm)
Museo de la Casa Nacional de Moneda, Potosí, Bolivia

GASPAR DE LA CUEVA

(Seville, 1589–Potosí, 1650; active in Potosí, 1634–1650)

Crucifix, circa 1634–1650

Polychromed wood, cross: 14 ⅛ inches (36 cm) high × 10 ⅜ inches (26.5 cm) wide;

figure: 6 ¼ inches (17 cm) high × 6 ¼ inches (16 cm) wide

Querejazu-Leyton Collection, La Paz, Bolivia

27

GASPAR DE LA CUEVA

(Seville, 1589–Potosí, 1650; active in Potosí, 1634–1650)

Santa María Magdalena (Saint Mary Magdalene), circa 1640
Polychromed wood, 49 ½ × 34 ½ × 7 ⅛ inches (126 × 88 × 18 cm)
Convento de San Francisco, Potosí, Bolivia

28

GASPAR DE LA CUEVA

(Seville, 1589–Potosí, 1650; active in Potosí, 1634–1650)

Santa Apolonia Mártir (Saint Apollonia, Martyr), circa 1640
Polychromed wood, 50 ¾ × 35 ⅞ × 7 inches (129 × 91 × 18 cm)
Convento de San Francisco, Potosí, Bolivia

29

CIRCLE OF GASPAR DE LA CUEVA
(Seville, 1589–Potosí, 1650; active in Potosí, 1634–1650)

Portable Altar with *Señor de la Paciencia* (Our Lord of Patience), Potosí, circa 1650
Polychromed wood and gilt wood, 45 ¼ × 28 ⅜ × 18 ⅞ inches (115 × 72 × 48 cm) overall;
figure: 22 ⅞ inches (58 cm) high
Convento de Santa Teresa, Potosí, Bolivia

30

ATTRIBUTED TO LUIS DE PERALTA
(b. Spain, active in Potosí between 1630 and 1650)

Crucifix, circa 1640
Polychromed wood; 44 ⅛ × 23 ⅜ × 7 ⅞ inches (112 × 60 × 20 cm) overall;
figure: 29 ⅛ inches (74 cm) high × 19 ⅜ inches (50 cm) wide
Collection of Fernando Romero and Rosario Pinto de Romero, La Paz, Bolivia

31

WORKSHOP OF SEBASTIÁN ACOSTA TUPAC INCA
(Copacabana, active 1618–1656) [figure]

UNKNOWN ARTIST, Potosí School [silver corona]

Virgen de Copacabana (Virgin of Copacabana), circa 1645; Corona, circa 1750
Polychromed maguey and paste figure; silver corona; painted wood base;
28 ¾ × 20 ⅞ × 9 ⅞ inches (73 × 53 × 25 cm) overall; figure: 9 ⅞ inches (25 cm) high
Collection of Fernando Romero and Rosario Pinto de Romero, La Paz, Bolivia

32

UNKNOWN ARTIST

La Virgen María Niña (The Virgin Mary as a Young Girl), Potosí, early 18th century
Polychromed wood, hair, silver, and cloth, 18 ⅞ × 9 ⅞ × 11 ¾ inches (48 × 25 × 30 cm)
Convento de Santa Teresa, Potosí, Bolivia

33

UNKNOWN ARTIST
(Style of Melchor Pérez Holguín, Potosí, circa 1660–1742)

San Pedro de Alcántara (Saint Peter of Alcántara), circa 1730
Polychromed wood, 69 ¼ × 18 ¾ × 19 ⅝ inches (176 × 47.5 × 50 cm)
Iglesia de San Francisco, Sucre, Bolivia

34

UNKNOWN ARTIST

Virgen sedente (Seated Virgin), circa 1780;
Clothing, early 19th century
Polychromed wood figure, 38 ¼ × 18 × 17 ¾ inches (97 × 46 × 45 cm) overall
Collection of Fernando Romero and Rosario Pinto de Romero,
La Paz, Bolivia

35

UNKNOWN ARTIST

Santiago matamoros (Saint James the Moorslayer), circa 1800
Polychromed wood and paste, 33 ½ × 15 × 22 inches (85 × 38 × 56 cm)
Collection of Fernando Romero and Rosario Pinto de Romero,
La Paz, Bolivia

36

UNKNOWN ARTIST

Set of Sacring Tablets, Collao, 1660
Hammered, repoussé, and enameled silver;
central tablet: 28 ¾ × 30 ¾ inches (73 × 78 cm); flanking tablets: 15 ¾ × 11 ½ inches (40 × 29 cm) each
Museo de Arte Sacro de la Catedral de La Paz, Bolivia

37

UNKNOWN ARTIST

Pair of Ceremonial Candlesticks, Collao, 1735
Hammered and repoussé silver, 57⅛ × 26⅝ × 26⅝ inches (145 × 67.5 × 67.5 cm)
Museo de Arte Sacro de la Catedral de La Paz, Bolivia

38

UNKNOWN ARTIST

Censer, circa 1730
Hammered silver, 8⅝ × 5½ inches (22 × 14 cm),
chain length: 33⅛ inches (84 cm)
Museo de Arte Sacro de la Catedral de La Paz, Bolivia

39

UNKNOWN ARTIST

Alms Plate with the Virgin of Copacabana or the Virgin of the
Candlestick, Potosí, circa 1750
Hammered silver, 6½ × 13 × 13 inches (16.5 × 33 × 33 cm)
Collection of Antonio Viaña, La Paz, Bolivia

40

UNKNOWN ARTIST

Mestizo Baroque Style Monstrance, mid-18th century
Hammered, repoussé, and gilded silver with emeralds, amethysts, opals,
and enamel, 30 ¾ × 12 ⅜ × 11 ⅜ inches (78 × 31.5 × 29 cm)
Museo de Arte Sacro de la Catedral de Santa Cruz de la Sierra, Santa Cruz, Bolivia

41

UNKNOWN ARTIST

Three from a Set of Five Plaques from an Altar Frontal, 1752

Hammered and repoussé silver, central plaque: 25 ⅜ × 27 ⅛ inches (64.5 × 69 cm),

left plaque: 26 ¾ × 21 ⅞ inches (68 × 55.5 cm), right plaque: 25 ¾ × 21 ⅞ inches (65.5 × 55.5 cm)

Collection of Mónica Ballivián de Gutiérrez, La Paz, Bolivia

42

UNKNOWN ARTIST

Pair of *Mariolas* or *Mayas* with Quadrangular Frames, circa 1750
Hammered and repoussé silver, 33 ⅞ × 24 inches (86 × 61 cm) each
Museo de Arte Sacro de la Catedral de Santa Cruz de la Sierra, Santa Cruz, Bolivia

43

UNKNOWN ARTIST

Pair of *Mariolas* or *Mayas*, Potosí, circa 1750
Hammered and repoussé silver with wooden bases, 26 ¼ × 14 inches (67 × 36 cm) each
Collection of Antonio Viaña, La Paz, Bolivia

44

UNKNOWN ARTIST

Missal Stand, Potosí, mid-18th century
Hammered and repoussé silver, 14 × 14 ¼ × 10 ¼ inches (35.5 × 37.5 × 26 cm)
Collection of Mónica Ballivián de Gutiérrez, La Paz, Bolivia

45

UNKNOWN ARTIST

Missal Stand with Rococo Motifs, Potosí, late 18th century
Hammered and repoussé silver, 15 ¼ × 14 ⅜ × 11 ⅜ inches (40 × 36.5 × 29 cm)
Collection of Mónica Ballivián de Gutiérrez, La Paz, Bolivia

46

UNKNOWN ARTIST

Sacrarium, Collao, 1760
Hammered, repoussé, and gilded silver, 31 ⅛ × 21 × 16 ½ inches (79 × 53.5 × 42 cm)
Museo de Arte Sacro de la Catedral de La Paz, Bolivia

47

UNKNOWN ARTIST

Pair of Altar Candlesticks, circa 1770

Hammered and repoussé silver, 51 ⅛ × 14 ½ × 14 ½ inches
(130 × 37 × 37 cm)

Museo de Arte Sacro de la Catedral, Sucre, Bolivia

48

UNKNOWN ARTIST

Ante Misam Set (Aquamanile and Basin), Collao, 1790

Hammered and repoussé silver, aquamanile: 22 ⅞ × 20 ⅝ × 3 ⅜ inches
(58 × 52.5 × 8.5 cm), basin: 18 ⅞ × 11 ½ × 7 inches (48 × 29.5 × 18 cm)

Museo de Arte Sacro de la Catedral de La Paz, Bolivia

49

UNKNOWN ARTIST

Still or Alembic, Potosí, circa 1780
Hammered silver and copper, 47 ¼ × 17 ¾ inches
(120 × 45 cm)
Collection of Mónica Ballivián de Gutiérrez,
La Paz, Bolivia

50

UNKNOWN ARTIST

Miner's Lamp, Potosí, mid-18th century
Hammered silver, 16 ⅛ × 8 ⅝ × 3 ½ inches
(41 × 22 × 9 cm)
Collection of Carlos Iturralde and María Elena
Costa, La Paz, Bolivia

51

UNKNOWN ARTIST

Coquero (Box for Coca Leaves), Potosí, 18th century
Hammered and repoussé silver, 6 ⅞ × 10 ¼ × 9 ¼
inches (17.5 × 26 × 23.5 cm)
Collection of Antonio Viaña, La Paz, Bolivia

52

UNKNOWN ARTIST

Festival Hat, Potosí?, 18th century
Repoussé silver plaques on velvet, glass beads, wire, 4 $\frac{15}{16}$ × 13 $\frac{1}{4}$ × 13 $\frac{1}{4}$ inches (12.5 × 33.7 × 33.7 cm)
Brooklyn Museum of Art, New York. Frank L. Babbott Fund

VERSÍON EN ESPAÑOL

Introducción

Pedro Querejazu

Con la llegada de Cristobal Colón a América en 1492 dio inicio el asentamiento europeo en el continente americano. Durante su tercer viaje al Nuevo Mundo que comenzó en 1498, Colón se convirtió en el primer europeo en explorar las costas norte de Sudamérica. Más adelante, Francisco Pizarro encabezó la conquista de este vasto continente. En 1529 él y Diego Almagro llegaron al río Virú, de donde viene el nombre de Perú. En 1523 entraron a la ciudad de Cajamarca, en donde capturaron al líder inca, Atahualpa. En 1533 Pizarro ejecutó a Atahualpa y entró a la ciudad de Cuzco, cabeza del imperio incaico, nombrando como legislador a Tupac Amaru, al que también había capturado. Pizarro prosiguió a consolidar la administración española de las tierras que anteriormente fueron controladas por los incas. Tiempo más tarde, no obstante, se produjo una disputa entre Pizarro y Almagro sobre el dominio de los territorios y el usufructo de la riqueza existente en ellos. El rey de España hizo una división del territorio, otorgándole a Almagro la zona que, en líneas generales, corresponde al territorio actual de Bolivia. Almagro recorrió el territorio en 1534 sin encontrar la riqueza que esperaba y retornó frustrado a Lima por Salta y Atacama. Nunca llegó a saber que en los territorios que le fueron adjudicados por el rey estaría la mina más grande del mundo: Potosí.

Tras la muerte de Almagro, Gonzalo Pizarro (un medio hermano de Francisco Pizarro) y Pedro de Anzúrez llevaron a cabo una expedición por esta región, y en 1538 fundaron la ciudad de La Plata (que en 1840 fue nombrada Sucre). También realizaron la primera incursión al oriente, en pos del Dorado, la mítica ciudad del oro. Luego siguieron la fundación de Cochabamba en 1542, La Paz en 1548, Santa Cruz de la Sierra en 1560 y Tarija en 1574. Potosí fue oficialmente establecida por el Virrey Francisco de Toledo en 1572, aunque ya se había establecido como centro industrial-urbano desde 1545, año en que se descubrieron las ricas venas de plata.

A poco de que se ocuparan los distintos territorios americanos, la corona española organizó el sistema administrativo y de gobierno. Inicialmente estableció dos grandes virreinatos: el de la Nueva España en México (1533) y el de Perú en Sudamérica (1542). Cada virreinato estaba encabezado por el virrey, representante directo del rey, contando con atribuciones legislativas, gubernativas, fiscales, económicas, judiciales, militares y eclesiásticas. Las audiencias, que estaban compuestas de un presidente y cinco o más oidores, fueron órganos de administración de justicia sujetos a la autoridad del virrey. Las audiencias compartían algunas funciones de gobierno y de fiscalización con los virreyes, y de este modo gozaban de cierta autonomía y de gran preeminencia en el virreinato.

En los siglos XVI y XVII hubo sólo un virreinato español en Sudamérica, el de Perú. Inicialmente fue más extenso que el de la Nueva España, abarcando todo el continente sudamericano (con excepción de los territorios portugueses de Brasil), y comprendiendo las presidencias de Panamá, Nueva Granada, Perú, Chile, Charcas y el territorio del Río de la Plata. En el siglo XVIII, el extenso territorio del Virreinato de Perú fue dividido en tres virreinatos: el de la Nueva Granada, establecido en Santa Fe de Bogotá en 1717, y que comprendía el área que hoy es Venezuela y Colombia; el de La Plata, establecido en Buenos Aires en 1776, incluía el área que hoy es Argentina, Paraguay, Uruguay y Bolivia. Después de 1776, el Virreinato propiamente de Perú, se redujo a los territorios de Ecuador, Perú y Chile.

Las ciudades en el virreinato eran gobernadas por un cabildo. El territorio se repartió entre encomenderos (españoles con autorización para utilizar la mano de obra indígena y recibir tributo). Algunas tierras fueron dejadas en manos de los indios originarios bajo la forma de reducción. Las reducciones obligaron a los indios a reunirse en pueblos a lo largo y ancho del territorio. Hay que notar que antes de la llegada de los españoles, los indios por lo general no habitaban en pueblos, sino en pequeños grupos familiares denominados *ayllus* (comunidades), acudiendo ocasionalmente a ellos para intercambiar alimentos u otros bienes. Las reducciones estuvieron dirigidas a tener un mejor control de los indios que vivían en el campo y que no pertenecían a ninguna encomienda. Se tenían padrones generales (censos) donde se registraban los indios que residían en ellos, así como los de todas las comunidades, para controlar el tributo que debían pagar a la Corona. Este era cobrado por un corregidor, que también servía como juez y cuya posición era superior incluso a la alcaldía. Los corregidores constituyeron una lacra del dominio español, por la infinidad de abusos cometidos con los indios.

En 1544 se fundó la Audiencia de Lima, bajo cuya jurisdicción se encontraba todo el continente, salvo Nueva Granada, anexada a Santo Domingo (hoy República Dominicana y Haití), hasta 1549, fecha en que se estableció la Audiencia de Santa Fe de Bogotá. Subsecuentemente, la Audiencia de Lima se dividió en varias audiencias. En la región andina, se fundó la Audiencia de Charcas en 1550 y la Audiencia de Quito en 1563. La Audiencia de Buenos Aires, creada en 1661, extendía su jurisdicción a las provincias de Paraguay y Tucumán. La última audiencia se estableció en Cuzco en 1787.

La Audiencia de Charcas tuvo su sede en la ciudad de La Plata o Chuquisaca. Su territorio, también conocido como Alto Perú, abarcaba el área conocido por los incas como el Collasuyo, y el Collao por los españoles, y que comprendía las tierras altas en torno al Lago Titicaca y de allí al este y sur. En la región de Potosí, la Audiencia se extendía por el Valle de Atacama hasta el Océano Pacífico y los puertos de Cobija y Mejillones, que eran la salida natural al mar del altiplano sur y de Potosí. Por el norte y este, las tierras tropicales bajas abarcaban los grandes ríos en las regiones de Moxos y Chiquitos, hasta la frontera con las tierras portuguesas de Brasil.

En 1776 se anexó la Audiencia de Charcas al Virreinato de La Plata, lo que aumentó la importancia y el poder político y económico de Buenos Aires, destituyendo a Lima como cabeza del territorio. Cuando Buenos Aires se independizó de España en 1810, fundando la República Argentina, la Audiencia de Charcas se anexó otra vez al Virreinato de Perú. Perú y Bolivia declararon su independencia en 1821 y 1825, respectivamente; Bolivia se fundó básicamente sobre los territorios de la Audiencia de Charcas. Como muchos de éstos no tenían límites precisos, las fronteras republicanas entre Bolivia y los países vecinos se fueron modificando durante más de un siglo y medio.

El Obispado que tuvo a su cargo la administración eclesiástica de Charcas, creado en 1565, tuvo su sede, al igual que la Audiencia, en la ciudad de La Plata. En 1605 se crearon los obispados de La Paz y Santa Cruz, dependientes del de Charcas, y en 1607 Charcas

fue elevado al rango de Arzobispado. Además del clero secular que dependía directamente de los obispos, numerosas órdenes religiosas participaron en la evangelización de los indios, atención de enfermos y actividades propias, y patrocinaron el arte. Las órdenes religiosas, de acuerdo con sus reglas, fueron más o menos autónomas de la autoridad de los obispos, pero estuvieron sujetas a los virreyes. Incluyeron agustinos, betlemitas, carmelitas, dominicos, franciscanos, jesuitas y juandedianos. Sólo se permitieron órdenes contemplativas femeninas, incluyendo agustinas, carmelitas, concepcionistas, y franciscanas. Únicamente fueron permitidas las órdenes predicadoras que interesaban para la evangelización de los indios y las que tenían hospitales en la Audiencia de Charcas.

En 1624 se fundó en La Plata la Universidad de San Francisco Xavier de Chuquisaca, que fue la única en el territorio de la Audiencia, y que estuvo bajo la tutela de los jesuitas. Fue el gran centro de formación superior y de actividad intelectual en la que se desarrollaron estudios de astronomía, física, matemáticas, metalurgia, leyes y teología. En la segunda mitad del siglo XVIII y principios del XIX, la Universidad desempeñó un papel importante en la formación de ideas revolucionarias que desembocaron en la independencia y en la formación de los países del Cono Sur.

Tras el impacto incial de la Conquista, durante siglo XVI, y una vez instalada la administración tanto civil como religiosa del territorio, se fueron formando en las ciudades y poblaciones de la Audiencia centros de producción artística. Si bien numerosos artistas europeos vivían y trabajaban en estos centros, el arte que se produjo allí llegó a adquirir peculiaridades propias locales y regionales. Esto es válido tanto para Perú como para Bolivia. En Perú, la escuela cuzqueña de pintura es la más conocida, pero también estaban los centros artísticos de Lima, Arequipa y Trujillo que tenían sus propias escuelas.

Desde la segunda mitad del siglo XVII y durante el siglo XVIII, se fueron caracterizando varias escuelas de arte en la Audiencia de Charcas. En pintura se destacan las escuelas del Collao o del Lago Titicaca y la de Potosí por su calidad técnica y originalidad temática y conceptual. En el arte potosino la influencia artística española fue más fuerte que en otras partes. La pintura se caracterizó por el tenebrismo y el realismo de origen sevillano. Los artistas que trabajaron en Potosí solían representar un mundo de ascetismo, recogimiento, penitencia y profunda fe, que hacen pensar en el impertérrito estoicismo de los indios andinos, y en el profundo contraste con la realidad abigarrada y compleja del Barroco. En la escuela del Collao o del Lago Titicaca, surgió por primera vez la originalidad boliviana en el arte. Los pintores de esta región gustaron de composiciones ostentosas en lienzos grandes, y favorecieron la representación del lujo en los ropajes y joyas, el colorido intenso, lo decorativo y los detalles anecdóticos. Además, los artistas desarrollaron modalidades temáticas que, si bien estaban inspiradas en grabados europeos, adquirieron dimensión y personalidad propias, constituyendo así un arte mestizo americano. Temas característicos incluyen escenas del Antiguo Testamento, series de profetas y sibilas, y asuntos moralistas como el Juicio Final, y las visicitudes del alma tras la muerte, en el infierno o en el cielo.

Hubo otros temas que también fueron populares. Inspirados en los autos sacramentales barrocos, los Triunfos representan alegorías del triunfo del catolicismo sobre las herejías, así como del triunfo de la Virgen María y de la Eucaristía; importantes ejemplos de Triunfos se puede encontrar en las iglesias de Guaqui o San Francisco en La Paz. Las *Vírgenes Triangulares* son pinturas que copian estatuas, y las representan en altares, vestidas y llenas de candeleros, floreros y cortinajes, ubicadas en sus retablos; figuras sincréticas que fusionan a la Virgen María con Pachamama (la diosa madre tierra incaica), como la Virgen de Pomata y Copacabana, también fueron populares.[1] Las famosas series de ángeles y *Arcángeles Arcabuceros* es asimismo claro ejemplo del sincretismo cultural, en las que se representan las fuerzas de la naturaleza o deidades indígenas, personificándolas como ángeles o manifestaciones del poder de Dios, y más interesante aún, vestidos a la usanza de los capitanes y oficiales de tercios y caballeros del siglo XVII.[2] También es característica la reiterada representación de Santiago Matamoros, que combina al apóstol Santiago y a Illapa, la divinidad prehispánica del rayo.

La sobria escultura de la Audiencia de Charcas, que se consagró casi por completo a la figura humana, fue desarrollada principalmente por dos grupos de artistas, cada uno con su estilo particular: los pertenecientes a talleres indígenas como la escuela de Copacabana-Juli y de La Plata, y los artistas europeos de la escuela de Potosí, entre otras. Los centros para la producción de retablos y arquitectura de madera incluían el altiplano en torno a la Paz y el Lago Titicaca; La Plata y Potosí; Cochabamba en torno a la obra del Maestro de Arani; y las misiones de Chiquitos en donde el jesuita Martin Schmid estuvo activo entre 1735 y 1767. La producción de mobiliario en taracea de maderas ricas, se produjo también en los centros misionales de Moxos y Chiquitos, mientras en las tierras altas, especialmente en La Paz y en Potosí, el mobiliario siempre fue policromado. En la orfebrería se desarrollaron tendencias peculiares en la zona del altiplano y también en Potosí. Además, son importantes los centros de producción textil en Potosí y La Plata, y los del altiplano, tanto en tejidos suntuarios como de uso cotidiano y vestuario. Por último, en música La Plata fue un centro muy destacado de producción y archivo, disputándole la preeminencia a Lima, y las misiones jesuíticas de Moxos y Chiquitos también fueron centros importantes de la música.

La fama de Potosí y su cerro de plata, que proveyó cuantiosas sumas para la producción del arte, recorrió muy pronto el mundo. Esta fama fue generada por los que la habían visto, y magnificada durante tres siglos por los cronistas y poetas. En España, Miguel de Cervantes y Saavedra acuñó el dicho «vale un potosí». En Inglaterra, los diccionarios de la época definían el nombre de la ciudad como sinónimo de opulencia: «as rich as Potosí» (tan rico como Potosí). Y en Francia, Denis Diderot citó a Potosí como ejemplo de opulencia en su famosa *Encyclopédie*. Por último, varias ciudades se designaron a partir de Potosí incluyendo dos en Argentina, cuatro en Brasil, ocho en Colombia, dos en Nicaragua, dos en México, dos en Estados Unidos de América y una en España (algunas de ellas relacionadas con la minería de la plata, como San Luis Potosí en México).

La población de la ciudad creció vertiginosamente desde que se descubrieron las vetas de plata en 1542, hasta su punto culminante en 1600 en que se contaba con 160,000 habitantes. La mayoría de ellos eran indios (de varios grupos étnicos) de las provincias obligadas al servicio de la *mita*, un sistema de trabajo obligatorio con sus raíces en el pasado prehispánico. Hubo también mestizos y españoles, así como europeos de otras nacionalidades: holandeses, alemanes, flamencos, portugueses, italianos, griegos, etc. Además, africanos y mulatos también vivieron y trabajaron en Potosí. Juntos, todos ellos formaron un grupo abigarrado y complejo, y Potosí se convirtió en la ciudad más grande y populada de América por largo tiempo.

El período de mayor producción de plata en Potosí fue el siglo XVI, y acaso las primeras décadas del siglo XVII. Las primeras vetas encontradas producían cantidades insospechadas de mineral con muy alto índice de pureza. Desde entonces, la producción fue decayendo lentamente. Aunque ocasionalmente se encontraban nuevas minas de gran riqueza, ello sucedía cada vez con menor frecuencia. Con el tiempo las mejoras en las tecnologías mineras de extracción, sobre todo en la purificación del metal, fueron compensando el decrecimiento en la producción.

Durante el siglo XVIII, la producción de plata no era ni la sombra de aquella del siglo XVI. No obstante, fue la época del gran esplendor potosino: se reconstruyeron o renovaron los templos, se hicieron retablos nuevos, se encargaron pinturas y esculturas, piezas de orfebrería, y las fiestas, según las describe el cronista Bartolomé Arzáns de Orsúa y Vela en su *Historia de la Villa Imperial de Potosí* (1736), eran en extremo fastuosas.

Durante la larga Guerra de Independencia (1810–1825), se agotaron las arcas potosinas. Para entonces la producción de plata era bastante baja y Potosí se había convertido en una ciudad pequeña y tranquila, que vivía de las memorias de la riqueza pasada. Sin embargo, el cerro continuó produciendo plata, y la ciudad continuó gozando de cierto renombre. A fines del siglo XIX se descubrieron nuevas minas que produjeron un breve resurgimiento de riqueza, con la cual se instalaron los primeros ferrocarriles en Bolivia. Con todo, el nombre de Potosí se fue desvaneciendo por varias razones. En primer lugar, geográficamente estaba aislada de las ciudades de otros países. En segundo lugar, el níquel era con frecuencia incorporado a la aleación para acuñar las monedas, lo que a largo plazo le restó el valor a la plata.

Y por último, el aumento de la circulación del papel moneda eliminó completamente la necesidad de la plata para amonedación.

Además de plata, las minas de Potosí producían también estaño y plomo. A prinicpios del siglo XX, la alza del valor del estaño alimentó nuevamente la economía de Potosí. Sin embargo, cuando en 1953 se nacionalizaron las minas de las grandes empresas potosinas la producción cayó drásticamente. La población de la ciudad ha decaído más en los últimos cuarenta y cinco años que en los doscientos precedentes; en 1982 el número de habitantes era tan sólo de 20,000. Hoy, con modernas tecnologías de explotación del mineral en desmontes y con trabajo de minas de tajo abierto, se empieza a generar nueva riqueza que se espera alimente la economía potosina y boliviana por varias décadas más.

Durante las últimas cuatro décadas, las autoridades locales y nacionales han hecho notables esfuerzos para la conservación de la ciudad y de sus monumentos. Para este propósito se han aportado recursos del gobierno nacional y departamental, así como recursos canalizados por UNESCO, donaciones de España y de entidades privadas. En los últimos quince años se han restaurado la torre de la iglesia de Santa Bárbara del siglo XVI, que es el edificio más antiguo que queda en Potosí; las iglesias de Santo Domingo, San Lorenzo, La Merced, Jerusalén, y San Bernardo; el Convento de Santa Teresa y sus obras de arte; la parroquia de Copacabana; la torre de la iglesia de la Compañía de Jesús; y la iglesia de los Betlemitas, que ha sido adaptada como teatro. Asimismo, en los últimos años se han hecho esfuerzos por conservar las lagunas del gran canal de La Ribera, y se ha restaurado el Ingenio del Rey. También se han restaurado un buen número obras de arte, varias de las cuales se restauraron expresamente para esta exposición según queda documentado en este catálogo, y que finalmente retornarán a los muesos de Potosí. En 1988 UNESCO declaró la zona de Potosí que comprende la ciudad, La Ribera, los ingenios, lo que queda de las 32 lagunas y la montaña, área de Patrimonio Cultural y Natural para la Humanidad. Este decreto ha hecho claro frente a los ojos del mundo la importancia del valor histórico y cultural de Potosí.

La exposición *Potosí: Tesoros coloniales y la ciudad del Cerro Rico* presenta obras relacionadas con las renombradas escuelas potosinas de pintura, escultura y orfebrería. Su objetivo final es contribuir a la recuperación de la memoria de Potosí, para que su legado artístico sea mejor conocido y apreciado en el mundo entero.

Notas

1 Véase Barbara Duncan, «Statute Painting of the Virgin», en *Gloria in Excelsis: The Virgin and the Angels in the Viceregal Painting of Peru and Bolivia* (Nueva York: Center for Interamerican Relations, 1985), pp. 32–57.

2 Véase Teresa Gisbert, «The Angels», y Julia Herzberg, «Angels with Guns: Image & Interpretation», ambos en *Gloria in Excelsis*, pp. 58–63, y 64–74, respectivamente.

Potosí: Dinámica social, trabajo y tecnología minera

Laura Escobari

Laura Escobari

DESCUBRIMIENTO DE LAS MINAS Y LA FUNDACIÓN DE LA VILLA

Los españoles entraron por vez primera en el territorio que hoy es Bolvia en 1535 con la expedición del conquistador Diego de Almagro, pero no encontraron ningunos metales preciosos, dejando sólo la fundación de Paria. Diez años después los españoles descubrieron las minas de plata de Potosí, estableciéndose rápidamente un campamento minero con vecinos de Porco, Chuquisaca y otros lugares. En los alrededores del Cerro Rico de Potosí existían dos asentamientos, con cerca de 2,500 indios, que fueron hospitalarios hasta que fueron forzados a construir las casas de los españoles. Al principio edificaron noventa y cuatro casas en los lugares más secos alrededor de una laguna, pero como cada día la población crecía más y más, drenaron el agua y cubrieron la laguna de tierra, quedando ese espacio como la mejor parte de la villa. En 1561, los vecinos enviaron 40,000 pesos a Lima para obtener la exención del Asiento de la jurisdicción de La Plata, y el derecho de fundar oficialmente la ciudad. El Virrey Diego López de Zúñiga y Velasco, Conde de Nieva, celebró el acuerdo con la Audiencia estableciéndose que a partir de entonces se llamaría Villa Imperial de Potosí y que estaría gobernada por dos alcaldes ordinarios y seis regidores, elegidos cada año.

La población de Potosí creció rápidamente. Los habitantes empezaron a edificar sus casas con tanta prisa que las calles quedaron torcidas y desordenadas. En su visita a Potosí en 1572, el Virrey Francisco de Toledo mandó reorganizar el trazo urbano de la ciudad, y a construir un canal artificial a lo largo de la ciudad para la labor de todos los ingenios mineros. El canal, conocido como La Ribera, dividió a la ciudad en dos secciones: los barrios españoles quedaron al oeste y los de indios al este. En 1603 Potosí se convirtió en una de las ciudades más pobladas del mundo, llegando a tener 160,000 habitantes, de los cuales 66,000 eran indios, 40,000 españoles peninsulares y extranjeros, 35,000 criollos (españoles nacidos en el Nuevo Mundo), y 6,000 africanos.

La presencia colonial española en la desolada altitud andina de la minas de plata del Cerro Rico de Potosí dio lugar a una ciudad rara, ubicada en un inhóspito lugar, que hoy muestra un ambiente de grandeza ausente y extraño. La Villa de Potosí estaba bajo la jurisdicción de la Audiencia de Charcas y del Virreinato de Perú. Por consiguiente, toda la riqueza que los españoles encontraron pertenecía a la corona española, dentro de una coyuntura histórica occidental mercantilista, donde la acumulación de riqueza determinaba el poder de las naciones. De hecho, la explotación de plata en las minas de Potosí incidió económicamente en el mundo occidental. En el siglo XVIII, el cronista español Bartolomé Arzáns de Orsúa y Vela tuvo la visión de documentar las historias más fascinantes e increíbles ocurridas en la Villa Imperial. Describe cómo la gran riqueza originada por las minas afectó la vida social de la villa, propiciando simultáneamente una gran bonanza y una descomunal turbulencia.

La Iglesia Católica llegó a Perú junto con los conquistadores. En el siglo XVI agustinos, dominicos, franciscanos, jesuitas y mercedarios, entre otras órdenes, fundaron tantas iglesias y conventos en Potosí que el Virrey Toledo en 1578 quiso expulsar a los jesuitas de la villa, los últimos en llegar, aduciendo que de conventos y templos la ciudad ya estaba saturada. Argumentaba que las órdenes religiosas buscaban lugares apacibles y de comodidad para los religiosos sin pensar en la verdadera razón que los había llevado a Perú, que era la doctrina y conversión de los naturales. Con todo, nada pudo detener a los jesuitas, que se acomodaron en Potosí, estableciendo varias fincas, dos de las cuales eran de viña, otra de siembra, otra de ganado vacuno y corderos, así como también un trapiche de beneficio de metales de plata.

La evangelización de los indios se hizo más fácil gracias a la fundación de parroquias en todos los barrios de indios, en donde éstos se veían obligados a ser bautizados y empadronados. Por su parte, la gente española acaudalada, e incluso algunos mestizos e indios que habían amasado fortunas gracias a la extracción de plata, sintieron la necesidad de reforzar su fe en la divinidad y en santos patrones protectores ante las vicisitudes extremas en que se vivía en esos tiempos. No hay que olvidar que en Potosí hubo muchas sequías, epidemias e incluso inundaciones, que hacían que la población volcará su devoción hacia ciertos santos que tenían fama de milagrosos. Imágenes de San Ignacio de Loyola, el santo patrón de la ciudad, por ejemplo, eran sacadas de las iglesias en procesión para detener epidemias. De hecho, las órdenes religiosas y el clero secular fueron grandes mecenas del arte, que por otra parte era usado como medio para indoctrinar a los indios y a los pobladores en general.

LA PRODUCCIÓN DE PLATA

El Virrey Toledo respaldó fuertemente la economía minera mediante la reglamentación de la estructura legal minera y el servicio de la *mita*, con lo que la producción de plata se elevó a fines del siglo XVI de una manera notable. La producción de plata tuvo su auge alrededor del año 1650. Entre 1570 y 1650 Potosí produjo más de la mitad de la plata del mundo, una aportación de suma importancia a la economía española. Mediante la plata potosina, España pudo importar productos asiáticos sin desequilibrar la balanza comercial.

La mayoría de los historiadores que se han ocupado de Potosí hacen referencia a la cantidad de plata que se extrajo de sus minas, excluyendo, por supuesto, aquella que fue sacada por el contrabando. Todos los dueños de minas e ingenios, llamados comunmente azogueros, debían pagar el quinto de su producción a la corona española. En 1623 el cronista José de Acosta decía que se habían sacado 3.010.000 pesos. En su *Historia de la Villa Imperial de Potosí* (1736) Arzáns de Orsúa y Vela, dice que hasta el año de 1575 Toledo encontró que se habían enviado a España 76 millones de pesos, y entre 1665 y 1705 otros 40 millones. Analizando cifras asentadas en los libros de las Cajas Reales, el historiador Lewis Hanke concluyó que la corona española recibió entre enero de 1556 y diciembre de 1738, 151.722.647 pesos, y los mineros 820.513.893 pesos.[1]

La plata era beneficiada o refinada en los ingenios instalados en la ribera artificial que corría en medio de la ciudad. Los ingenios comprendían todas las instalaciones de molienda y refinado de mineral de plata. El mineral se refinaba de la siguiente manera: un pozo de unos cinco metros y medio de diámetro operaba mazos con los que se pulverizaba el mineral, que después era tamizado para separar las partículas molidas del mineral en bruto. A continuación se colocaba el mineral en un patio de piedra, donde se amalgamaba en una mezcla de agua, sal y mercurio. Como ha observado el historiador Enrique Tandeter, después de cuatro o cinco semanas se pasaba la mezcla por un canal con una serie de hoyos de la que pendían pellejos que atrapaban la mezcla del mineral y mercurio. Se proseguía entonces a separar el mercurio de la amalgama, primero con presión y después con calor. El resultado final era un pedazo de metal puro denominado piña.[2] Los primeros ingenios fueron los movidos por manos, pies y caballos, pero eventualmente comenzaron a funcionar los hidraúlicos en el valle de Tarapaya y en Potosí. Arzáns de Orsúa y Vela señaló que el Virrey Toledo ordenó la edificación de cuatro ingenios dentro de la villa de Potosí, pues le pareció ideal la tendida ladera del lugar.

Para la fábrica de ingenios se requería mucho hierro y madera, elementos costosos y difíciles de conseguir. El hierro era transportado desde Vizcaya en España, y constituía uno de los elementos más caros y cotizados en la colonia, por lo que la Corona ordenó que ningún navío pudiera salir de la Península sin traer siquiera mil quintales de hierro (46 kilos). Los troncos de madera eran llevados de Guañona en Chuquisaca, en ocasiones de distancias muy lejanas, en bueyes y en hombros de indios; un tronco de 6.4 metros de largo y 60 centímetros de ancho valía quinientos pesos. Los *castillos* o armazones de la maquinaria eran hechos de gruesas vigas de madera, al igual que los *camones*, piezas curvas de los elementos curvos que componían los dos anillos o cercos de las ruedas hidraúlicas.

Los visitadores que hacían su recorrido por orden de los virreyes, inspeccionaban la calidad de los ingenios, que eran propiedad particular. Su importancia era medida por el número de martillos, cajones de buitrones, tinas, *conchas* o lavaderos y cedazos o tamices. Los visitadores también tomaban en cuenta el monto al que ascendía la inversión de capital inicial. Era común que tanto dueños de minas como de ingenios costearan a una tercera persona para que se hiciera cargo de la refinación del mineral; en esos casos, en el siglo XVI, el dueño del ingenio recibía por el alquiler seis tomines por quintal de plata refinada. El traslado de ingenio era práctica común, para lo cual se desataban todas la maderas y se transportaban a nuevas localidades.

El Cabildo o municipio de Potosí inducía a los pobladores de la villa a ensayar inventos que contribuyeran a mejorar el refinamiento del mineral de plata. Entre los inventos más curiosos estuvieron aquellos basados en el recalentamiento de piedras volcánicas de Tarapaya y la utilización de hornillas de veinticuatro ollas con tapa (los hornos comunes constaban de cuatro ollas sin tapa). También se presentaron inventos basados en la utilización de estiércol de caballos para alentar el fuego, o el empleo de otros elementos como la *margasita blanca*, que era una maleza que acompañaba el metal y resplandecía con visos color oro con el calor. Naturalmente, no todos los inventos eran aplicables.

En 1573 el Virrey Toledo ordenó que la plata se purificara utilizando la amalgamación por el azogue descubierto en las minas de Huancavelica. Esto significó un cambio del sistema prehispánico de *huayra* u hornos de fundición activados por el viento; eventualmente más de 6,000 huayras fueron reemplazados por cientos de ingenios movidos por fuerza hidráulica. El paso fundamental en el refinamiento de la plata, por medio de la utilización de ese metal líquido a altas temperaturas, fue introducido en Potosí por don Pedro Hernández de Velasco, en forma similar al usado en México por el minero Bartolomé de Medina. En su tratado *Arte de los metales* (1640), el científico potosino Álvaro Alonso Barba describe los procedimientos utilizados en Potosí para refinar la plata: «De la naturaleza del azogue . . . crió la naturaleza este cuerpo de sustancia tan uniforme, y partes tan perfectamente unidas, que ni aun el fuego, su mayor contrario (a lo que vulgarmente se imagina) es poderoso, dividiéndolas, a corromperlo y destruirlo, como hace visiblemente a los metales y demás cuerpos del mundo, fuera del oro y la plata. Con toda su sustancia persevera el azogue en el fuego, si se llega a dar la disposición necesaria para ello».[3]

TRABAJO EN MINAS E INGENIOS

La necesidad de mano de obra en Potosí para explotar las minas y trabajar en los ingenios de plata se hizo cada vez más imperiosa. Durante los primeros años de explotación de las minas, los españoles utilizaron el sistema de mita, basado en el concepto prehispánico de obligatoriedad del trabajo, del relevo y del turno en beneficio de la comunidad. El obtener indios trabajadores al principio no fue un problema serio, pero conforme pasó el tiempo las minas aumentaron, y el paisaje demográfico decreció por la presencia de enfermedades traídas por los españoles y por el trabajo infrahumano del interior de las minas. Hasta 1573, se supuso que los trabajadores eran voluntarios, o por lo menos que su trabajo se realizaba a cambio de salarios justos. Sin embargo, desde fecha tan temprana como 1544, cuando el Virrey Blasco Núñez de Vela introdujo las Leyes Nuevas en las que se prohibía la utilización gratuita de mano de obra, se produjo una escasez de trabajadores. Si bien las Leyes Nuevas no tuvieron ningún efecto respecto a los indios que trabajaban en las minas, sirvieron como catalizador político ante las guerras civiles desatadas entre los dos primeros grupos de conquistadores pizarristas y almagristas.

El Virrey Toledo organizó el servicio de mita en 1573. Para ella debían trabajar rotativa y obligadamente en Potosí todos los indios comprendidos entre los dieciocho y cincuenta años que vivían en dieciséis provincias del Virreinato. Estas porvincias eran: Azángaro, Asillo, Carangas, Cavana, Cavanilla, Chayanta, Chucuito, Omasuyos, Pacajes, Paucarcolla, Paria, Porco, Quispicanches y Sica-Sica. Los indios que habitaban en los corregimientos de Cuzco, La Paz, Oruro y Potosí fueron exonerados de ese servicio porque debían atender obligaciones con los pobladores españoles de esas ciudades. Toledo visitó Potosí, acompañado por juristas como Juan de Matienzo y Polo de Ondegardo, que trataron el tema de la utilización de mano de obra forzada, llegando a la conclusión de que era justo y razonable el forzar a los indios para el trabajo de las minas, siempre que fuera sólo un séptimo de la población total. Mediante decretos de este tipo, quedó establecido un sistema opresivo absolutamente inhumano para los indios, antitético al concepto prehispánico de la mita, en el que trabajaban para beneficio propio y de sus comunarios.

MIGRACIÓN MULTIÉTNICA Y TRABAJO ESPECIALIZADO

Cuando los españoles llegaron al Alto Perú se encontraron con señoríos aymaras divididos en varios grupos étnicos. El cronista Luis Capoche apuntó que los grupos estaban divididos en dos grandes regiones: los urcus (del lado oeste del Lago Titicaca) y los umas (del lado este). Pertencían a la mitad oeste los canas, canchis, carangas, collas, lupacas, pacajes y quillacas, y a la otra los caracaras, charcas, chichas, chuis y soras. La administración española los agrupó en dieciséis provincias obligadas a ir al trabajo de las minas, y en catorce provincias cuyos habitantes estaban excentos de dicho requerimiento.

Con la reposición colonial de la mita, acudió a Potosí todo un mosaico demográfico multiétnico impresionante. Por ejemplo, en 1585, 860 *yanaconas* o mano de obra especializada diseminada en las parroquias de Potosí, pertencían a sesenta grupos étnicos diferentes. Estos grupos llegaban a Potosí de los sitios más alejados del Virreinato, incluso de más allá de las dieciséis provincias obligadas a mitar y de las catorce excentas de ello. Hubo también migración de indios desde sitios tan lejanos como Trujillo, en la costa norte de Perú, hasta Tucumán, en territorio hoy argentino. En algunos casos los indios también llegaban de Quito, Bogotá y México. La procedencia de los *mitayos* (los reclutados al trabajo) se conoce por las listas de los padrones de indios que guardaron los españoles.

El sistema de reclutación quedó establecido de la siguiente manera: un cacique, o líder reconocido naturalmente entre los indios, era utilizado como elemento intermediario entre ellos y la organización colonial para conducirlos a Potosí. Muchos indios se aprovecharon de lo lento y penoso del viaje para huir en el camino. Las catorce provincias no obligadas a la mita estaban llenas de indios que habían huido y se habían instalado para trabajar como «forasteros». A los mitayos se les pagaba al principio cinco pesos para todo el viaje, que duraba un promedio de un mes, pero el gasto que ellos hacían en su alimentación era de nueve pesos. En disposiciones posteriores asignaron un salario diario de cinco reales por día. Esto duró hasta 1630, cuando los dueños de minas cesaron de pagar sus gastos de viaje a los indios.

El historiador Thierry Saignes y yo hemos establecido que el reclutamiento de indios hacia las minas de Potosí tomaba en cuenta tambien su grado de especialidad o calificación, de tal suerte que de determinados lugares, conocidos por su especialidad en alguna labor artesanal, se reclutaban indios con especial interés.[4] Por ejemplo, los yanaconas, o mano de obra calificada en la elaboración de ollas, tejidos y carpintería, se reclutaban de entre los lupacas. De entre los indios de Cuzco, supuestamente no obligados a la mita, se reclutaba la mayor parte de yanaconas *huayradores* o indios diestros en la utilización de hornos de viento, llamados huayras, y que antes de la introducción del azogue, se utilizaban para purificar la plata. Algunos grupos étnicos revelaron su especialidad de trabajo una vez asentados en Potosí. Este fue el caso de los pacasas, lupacas y collas de la cuenca del Titicaca, que eran conocidos en Potosí por su habilidad como *barreteros* (extractores de mineral con barretas) y *apires* (recogedores de mineral). Los quillacas, procedentes de la zona sur del Lago Poopó, y los aullagas eran conocidos, al igual que los lupacas, por la hechura y venta de ollas y moldes de barro cocido. Los urquillas, provenientes del suroeste del Lago Poopó, eran conocidos porque hacían el trabajo de *pallar* o escoger mineral bueno entre los escombros del cerro. Los caracaras, del norte de Potosí, eran conocidos como leñadores o especialistas en conseguir combustible para los hornos. Por último, algunas provincias no obligadas a la mita consiguieron su rango por ser especialistas en cultivar algún insumo en particular. Es el caso de los indios de los valles orientales del departamento de lo que hoy es La Paz, que según Saignes, contribuían a sus caciques con maíz.

Las disposiciones del Virrey Toledo establecían el reclutamiento de tres contingentes de mitayos al año, cada uno de aproximadamente 3,500 indios, que debían trabajar en las minas por espacio de cuatro meses cada uno. El resto de los meses quedaban libres para prestar otros servicios como trajinantes, en construcción de caminos o reparación de lagunas. En 1635, el trabajo forzado duraba veintitrés semanas al año sin descanso, trabajando día y noche. En 1692 el Virrey Conde de Monclova estableció que se trabajara una semana por dos de descanso.

Los indios que llegaban de las provinicias destinadas al trabajo de la mita, eran distribuidos en las parroquias, de manera que estuvieran lo más separados posibles de sus congéneres étnicos, y de antemano ya estaban destinados a algún repartimiento o encomienda de español. Virreyes y legisladores hicieron repartimientos periódicos siguiendo el procedimiento iniciado por el Virrey Toledo, con el objeto de que la mano de obra fuera en directo beneficio de las refinerías productoras de plata y no de otro lugar. Un número de mitayos comúnes y otro número menor de yanaconas calificados, eran repartidos a los españoles especialmente encargados (llamados *encomenderos de indios*) para el trabajo de sus minas y/o ingenios. Consecuentemente era mano de obra muy cotizada. Por lo general, de una cantidad total de yanaconas especializados existentes en la villa, que en 1785 fueron 860, le correspondía a cada encomendero sólo dos de ellos. A los yanaconas especializados se les llamó después *mingas*, o trabajadores especializados y voluntarios. Según el historiador Peter Bakewell, ganaban entre 5 y 9 pesos (32 reales) semanales de salario, mientras que un mitayo común ganaba 2.75 reales. El oficio más cotizado en el siglo XVI fue el de *huayrador*, término prehispánico que describe al que sabía utilizar el fogón llamado huayra, que servía para purificar la plata utilizando el viento para avivar el fuego en las alturas de los cerros.[5] Con el tiempo, algunos mitayos que trabajaban en las minas se fueron especializando en la huayra u otras especialidades. Así, una vez que concluían su trabajo forzado y debían volver a sus lugares de origen, comúnmente los mismo españoles los volvían a contratar para trabajar como especialistas junto a un nuevo contingente de mitayos recién llegados. Bakewell menciona también la existencia de un trabajador fantasma, que era el *indio de bolsillo* o de *faltriquera*, un mitayo por el cual su comunidad pagaba al cacique la suma que equivalía su presencia en Potosí, evitando así que se le reclutara.

Otros de los trabajos especializados en Potosí eran realizados por los *indios varas*, que trabajaban en las minas con un contrato medido en esa unidad métrica española (85 centímetros). Dentro de la mina se encontraban los *pallires* (trabajadores, incluyendo mujeres, que seleccionaban y juntaban el mineral), *barreteros* (cortadores de mineral), *apires* (transportadores), *siquepiques* (los que iban limpiando por detrás del paso de los apires), y los *piqueres* (que se ocupaban de preparar maderas para soportes internos del socavón). Dentro de los ingenios también había especialistas como los indios morteros, que echaban el mineral para la trituración, y los tamiceros que trabajaban cerniendo el mineral triturado y devolvían al mortero el mineral que no estaba suficientemente triturado.

Aunque en general hay poca información sobre el trabajo forzado en el interior de la mina, se sabe que las condiciones de trabajo eran en extremo difíciles y peligrosas, al punto que minería y castigo se confundían con naturalidad, ya que inmediatamente se asociaba con oscuridad, humedad, falta de aire y sensación de trampa y desolación.[6] Capoche señala que los apires ascendían con sus cargas desde el interior de la boca del túnel en largas escaleras hechas de tres sogas de cuero trenzado con travesaños de madera; la longitud de éstas podía ser hasta de quince metros. En la época de Capoche, las minas medían trecientos metros de profundidad y era necesaria una gran cantidad de estas escaleras. Los sacos para el acarreo del mineral eran simples mantas de lana anudadas al pecho, de tal manera que la carga era llevada en la espalda. Los apires trepaban la escalera en grupos de tres. El de adelante llevaba una vela, que podía estar sostenida en la frente o en el dedo meñique. Los mitayos que trabajaban en las minas tenían que comprar sus propias velas, gastando para ello cien pesos al año a razón de cuatro reales o medio peso a la semana; los gastos en bolsos teñidos o mantas de lana no se conocen. Los túneles de acceso tenían el ancho de un hombre. Durante el siglo XVII, la profundidad de las excavaciones dio lugar a que las minas fueran cada vez más húmedas, pero dado que las rocas eran compactas, hubo pocos derrumbes.

El índice de mortalidad real que hubo en el interior de las minas nunca será conocido definitivamente. Las normas de seguridad en las minas eran escasas. En 1561 se dictó una disposición para apuntalar con soportes de madera los socavones, especificándose además que éstos no debían ser retirados bajo ninguna circunstancia. Otra disposición señalaba que las escaleras deberían ser lo suficientemente fuertes. El mantenimiento de la seguridad en las minas era subvencionado por los propios mitayos pagando un grano de plata diario, que equivalía a 0.09 reales; este pago era exclusivo de parte de los mitayos, y no así de los yanaconas o mingas. El pago del veedor, que recibía aproximadamente 1,560 pesos anuales, provenía de ese fondo. A pesar de estas disposiciones, según Capoche, en el hospital morían por año unos cincuenta o más indios por heridas, sin incluir los indios que morían directamente por derrumbes o caídas dentro de la mina, que el cronista calcula en un promedio de veinticinco al año. A otro número ascendían los que morían por asfixia o intoxicación, o por silicosis, dolencia pulmonar.

Cuando ocurrían derrumbes o caídas, los indios eran objeto de castigos mediante golpes y malos tratos en general. En el caso de que un indio muriera por estos castigos o por exceso de trabajo, los españoles eran multados con 200 pesos por cada muerte, además de tener que pagar por su misa. La multa por heridas causadas a los indios era de 120 pesos. Parece ser que los indios no morían tanto de las condiciones de trabajo al interior de la mina, como de la sobrecarga de horarios asignados a ellos. La jornada de trabajo comenzaba media hora después del amanecer y cesaba con la puesta del sol, teniendo solamente una hora al mediodía para descanso y comida. En invierno, y por el frío, los indios del lavado del mineral que trabajaban en los ingenios debían trabajar sólo a partir de las diez de la mañana hasta las cuatro de la tarde, dado que en la mañana, hasta esa hora, el agua se encontraba congelada a -15 Celsius, temperatura con la que amanecía la ciudad. En época de lluvias, correspondiente al verano, el trabajo no cesaba ya que había que aprovechar las lluvias; en ese tiempo había turnos diurnos y nocturnos.

PARROQUIAS Y RANCHERÍAS

La fundación de parroquias fue otra disposición del Virrey Toledo para agrupar en torno a ellas los barrios de indios a fin de que recibieran doctrina y no pasaran a habitar los barrios destinados a los españoles. Se fundaron trece parroquias ubicadas a lo largo de La Ribera, donde se encontraban instalados los ingenios. En cada parroquia estaban empadronados alrededor de trecientos mitayos y más de sesenta yanaconas especializados; encabezando la lista estaba el cacique encargado de ellos, a quien se le reconocía el título de *don* y la prerrogativa de gobernar sobre los demás indios, a fin de que éstos acudan a la mita asignada. Los caciques recibían por su trabajo sesenta pesos que provenían de los tributos cobrados a los mitayos que tenían a su cargo.

En el siglo XVI, la mayoría de los mitayos vivían en las rancherías que quedaban entre La Ribera y el cerro; las rancherías

que luego rodearon la ciudad por el norte aparecieron a principios del siglo XVII. De acuerdo al plano de Potosí del siglo XVIII, las rancherías que rodearon la ciudad fueron: Copacabana, La Concepción, San Benito, San Bernardo, San Cristóbal, San Juan Bautista, San Lorenzo, San Martín, San Pablo, San Pedro, San Sebastián, Santa Bárbara y Santiago.[7]

Las rancherías eran galpones sin divisiones, de seis metros de ancho por cien de largo. Según el cronista Reginaldo de Lizárraga, allí los indios compartían el espacio con sus animales de granja. La descripción que hace Arzáns de Orsúa y Vela, sin embargo, hace suponer que en estos galpones habría existido cierto tipo de compartimiento por familia que contenía un fogón, una cama y entre ocho y diez cántaros de chicha (bebida alchólica hecha de maíz fermentado).

Hasta hace poco se creía que desde el siglo XVI, los mitayos se agruparon por etnias en las parroquias y rancherías. Sin embargo, estudios recientes han demostrado que la política administrativa del Cabildo de la ciudad evitaba agrupar lo menos posible a indios de una misma etnia en una parroquia, por lo menos hasta principios del siglo XVII, para así evitar que echaran raíces o tuvieran propiedad individual o colectiva de sus viviendas. Recién a mediados del siglo XVII, las rancherías se fueron poblando por etnias y dieron lugar a barrios llevando los nombres de la parroquia y conocidos por la etnia mayoritaria que los habitaba. Así tenemos a San Lorenzo de los carangas, San Martín de los lupacas y San Sebastián de los quillacas.

SALUD Y ALIMENTACIÓN

La dieta alimenticia antes de la llegada de los españoles consistía en papas, quinoa (un tipo de grano), charque (carne de llama seca), maíz, ají y legumbres. Con el primer contacto habitacional con los españoles en el siglo XVI, los mitayos incorporaron a su alimentación carne fresca y pan de trigo. No obstante, el abastecimiento de trigo en la ciudad no era suficiente para toda la población, de manera que las autoridades del Cabildo prohibieron su consumo a los indios. Además, se quejaron del consumo de la carne de llama, ya que esto ocasionaba la disminución del número de animales de carga para transportar el mineral de plata del cerro. La tendencia general del gobierno de Potosí fue que en las rancherías de indios no hubiera pulperías (localidades para el consumo de alcohol) para evitar la ingestión de chicha y vino, que con frecuencia estaban contaminados, causando enfermedades y la muerte; además, los españoles argumentaban que los indios robaban azogue y mineral de plata para poder comprar estas bebidas nocivas.

Los frecuentes períodos de sequía originaron escasez de comida. El daño más temido por los españoles era que los indios huyeran por la carestía. A fines del siglo XVI, el Cabildo acordó un empréstito de 150 mil a 200 mil pesos de las Cajas Reales con autorización del Virrey para despachar comisiones a los valles de

Cochabamba, Tomina, Mizque y otros para comprar trigo, maíz, papas y otros alimentos tanto para la población española, como la indígena. El acarreo de víveres era efectuado con los cien indios de mita que el Cabildo destinaba para ello. Según el historiador Carlos Sempat Assadourian, Potosí se convirtió en un polo integrador del espacio económico peruano.[8] La venta de productos agrícolas y mineros reportaba réditos considerables a los indios de las comunidades. Con esta ganancia, las comunidades pagaban el propio tributo en su lugar de origen y en muchos casos daban un subsidio en alimentos a los miembros de su familia que se encontraban mitando en Potosí. Saignes, que ha estudiado el fenómeno de las migraciones indígenas del siglo XVI en el territorio de lo que hoy es Bolivia, afirma que los comunidades indias, o los ayllus, repartían de manera eficaz su fuerza de trabajo entre las actividades agrícolas, mercantiles y mineras.[9]

En 1555 se fundó el primer hospital de Potosí en la calle de San Francisco, trasladándose un año más tarde a unas casas ubicadas en la Plaza Mayor que costaron seiscientos pesos en plata. El historiador y abogado colonial Pedro Vicente Cañete describió este hospital, que fue designado para españoles e indios, como Hospital de Belén; estaba atendido por la orden betlemita y era mantenido por los propios mitayos, quienes pagaban un tomín o medio peso al año para su sustento. Dada su ubicación cerca de la Plaza Mayor, los moradores del área se veían obligados diariamente a confrontar la visión de los pacientes enfermos. El Hospital de San Juan de Dios se fundó a principios del siglo XVII para españoles. Su primer médico fue el Licenciado Francisco de Lerma; más tarde el Virrey de Lima le confirió el título de Médico del Hospital, lo que suponía un gran honor y reconocimiento público. Además de salario, de Lerma recibía catorce indios de mita para trabajar en sus propias minas. A los barberos y cirjuanos se les destinaba a atender parroquias y rancherías de indios, pero a veces un sólo barbero atendía una parroquia entera. Indios heridos que llegaban del cerro morían diariamente en manos de los barberos, por ello no es de extrañar que a fines del siglo XVI hubiera denuncias en su contra de los protectores de los naturales ante el Cabildo.

La alta mortandad de los indios en Potosí, además de las enfermedades contraídas por el trabajo forzado de la mita en los primeros siglos de la presencia española, se debió a epidemias de viruela, sarampión, color de costado, bubillas y tabardillo (estas últimas eran afecciones del hígado, probablemente hepatitis). En época de epidemias, todos los españoles que tenían indios en las minas, ingenios, beneficios, trajines, salinas y otros debían dar una limosna de un peso corriente por cada indio que tuvieran internado en el hospital. También había colectas de pasa de uva, azúcar y otros alimentos para darles a los indios en las rancherías. El Cabildo nombraba diputados para distribuir azúcar, carneros, pasas, pan, chuño y papas a los indios enfermos de viruela. En esas ocasiones se trataba de concentrar a los indios en determinadas parroquias para evitar el contagio.

A lo largo del siglo XVII la población disminuyó notablemente por varios factores, constituyendo lo que algunos autores han denominado la crisis del siglo XVII. Un hecho definitivo es el declive de la producción de plata a partir de 1640. La evasión al servicio de la mita en todo el territorio obligado a ello fue cada vez mayor. Los indios que vivían en las provincias obligadas a mitar migraron a otras donde se inscribían como «forasteros». A su vez, los indios que residían en Potosí, afectados moralmente por las frecuentes epidemias huyeron a poblaciones de los valles cercanos de regiones no obligadas a la mita.

Durante este período la administración pública potosina también dio muestras de estar fuertemente corrompida. La presencia de indios fantasma que eran sustituidos en su trabajo por un monto de dinero presentado por el cacique o mayordomo iban en aumento. A nivel de los mercaderes de plata, la institución del *avío* o crédito a la producción, que existía desde fines del siglo XVII, fue un acto de corrupción llevado al extremo, ya que los mercaderes de plata, que ostentaban al mismo tiempo cargos públicos como tesoreros de Cajas Reales o amonedadores en la Casa de Moneda, dispusieron estas cajas para sus negocios. Los grupos familiares crearon una fuerte red de relaciones económicas fraudulentas para la Corona, ocupando también cargos claves de administración económica en Potosí.

MEJORAS PRODUCTIVAS EN EL SIGLO XVIII

Mientras la población potosina disminuía desde fines del siglo XVII, la producción de plata comenzó a aumentar paulatinamente debido principalmente a las concesiones reales. En primer lugar, pese a que la mita minera se vio muy disminuida, ésta no se abolió. En consecuencia continuó proporcionándoles una fuerza laboral permanente y segura a los azogueros. Aunado a esto, el Banco de San Carlos concedió créditos para la compra de material de minería para explotar los niveles más profundos de las minas; además, este banco compraba la plata directamente a los productores. Por último, una vez que se hubo agotado el mercurio para amalgamar la plata de las minas de Huancavelica, éste comenzó a importarse directamente desde Almadén, España, a un precio subvencionado; sin embargo, la Corona accedió a enviar una misión técnica que estudiara la mejor manera de refinar la plata con el menor costo.

Con todo, según Tandeter, el auge de la producción de plata no puede atribuirse a estos tres cambios productivos ni a innovaciones tecnológicas, así como tampoco a nuevos descubrimientos de mineral de plata.[10] Por el contrario, mientras que a comiezos del siglo XVII se producía cincuenta marcos de plata pura por cajón de mineral de cincuenta quintales, en el siglo XVIII se producía solamente ocho marcos de plata por cada cajón. Los minerales que eran explotados en el siglo XVII eran los que habían quedado sueltos en la bocas de las minas que se habían ido dejando desde el siglo XVI. Por otra parte, los refinadores ya no conseguían mineral de los dueños de minas, sino que lo compraban a los pequeños empresarios que dirigían grupos de trabajadores entre los desmontes de las minas abandonadas y que habían pasado a ser dominio público. Si, por un lado esto era un incentivo hacia la masificación del trabajo en las minas, ahora se tenía que trabajar mucho más arduamente en el refinamiento del metal. Fue por ello que se comenzó a gestionar ante la Audiencia de La Plata y el Consejo de Indias el envío de misiones europeas que condujeran a una mejora tecnológica para conseguir la pureza de la plata alcanzada siglos atrás. La alza de demanda de metales preciosos en Europa tornó este asunto más imperativo. Durante el primer cuarto del siglo XVIII, Potosí sintió la presión de mercaderes franceses anclados en las costas del Pacífico en Atacama, que subían hasta la ciudad en busca de mineral de plata para sacarlo en forma de contrabando.

Hacia fines del siglo XVII la escasez de mano de obra se hizo álgida. Había cada vez menos mingas empleados en las minas e ingenios, y el Cabildo tuvo que acceder a la radicación definitiva de mitayos y sus familias en la ciudad. La mano de obra más calificada y solicitada era la de los mingas barreteros que trabajaban picando dentro de las minas. Pero ellos se dedicaron a exigir un pago anticipado de su trabajo y a huir posteriormente con el pago, disminuyendo así el nivel de productividad. Además, los dueños de los ingenios y minas trabajaban cada vez menos personalmente en sus negocios, confiando el trabajo a apoderados y mayordomos que faltaban al trabajo al igual que los mingas.

Los fines de semana en Potosí eran momentos muy singulares. Tandeter ha señalado que entre los sábados por la tarde y los lunes por la madrugada los trabajadores libres y forzados se iban a sus ranchos. Entonces los *kajchas* o ladrones de mineral, gente de todas las raleas que por cualquier motivo habían quedado en la ruina, invadían el cerro para extraer para sí los metales que pudieran encontrar.[11] Estos minerales eran luego refinados en los trapiches rudimentarios de molienda manual que empezaron a proliferar en la ciudad (Agustín Quespi, un «capitán de kajchas», cuyas aventuras están relatadas en la *Historia de la Villa Imperial de Potosí* de Arzáns de Orsúa y Vela, se hizo famoso por haber acumulado su riqueza de este modo). Se conocía a los kajchas también como ladrones o cuerpos respetables de bandoleros. El término mismo siempre ha mantenido una doble significación: por un lado, hubo aquellos que, como Quespi, llegaron a enriquecerse hasta ser propietarios de minas en el cerro y de trapiches de minerales; por otro lado, hubo personas pobres que tenían que recurrir al robo para poder sobrevivir en la ciudad. Andaban en bandas de cuatro o cinco personas siempre con un cabecilla barretero. Su presencia, como era de esperarse, puso en alerta a los dueños de minas e ingenios que tomaron las medidas necesarias para prevenir los robos de sus bienes, como instalar puertas de rejas en las bocas de las minas y colocando guardias llamados *pongos*. La palabra kajcha, que en realidad equivale a decir «el que arroja piedras»

fue el nombre con el que se designó a estas bandas, pues cuando ingresaban a robar el mineral, apedriaban a los pongos. Las mujeres también acudían a robar mineral cuando subían al cerro los miercoles para alimentar a sus maridos. De este modo es que la empresa de los kajchas llegó a constituir un verdadero sector independiente en la minería potosina. Se ha estimado que en 1782 existían de dos a tres mil kajchas en la ciudad. Como ha observado el cronista Concolorcorvo,

La decadencia de ley en los metales, u otras causas, redujo este número (de indios) a 3,500 que concurren actualmente, la mayor parte con sus mujeres e hijos, que se puede contar sobre un número de más de 12,000 almas, con los que se quedan voluntariamente y se emplean en el honrado ejercicio de chalcas, que son unos ladrones de metales que acometen de noche las minas, y como prácticos en ellas, sacan los más preciosos, que benefician y llevan al banco que el Rey tiene de rescate, siendo cierto que estos permitidos piratas sacan más plata que los propietarios mineros.[12]

Se podía encontrar a los kajchas en los barrios de los indios, cuando se apersonaban a vender lo robado a los trapiches rudimentarios. Como muchos de estos trapiches eran manejados por kajchas, ellos se las arreglaban para conseguir mercurio pagando un alquiler semanal por libra utilizada. Al tener el mercurio la propiedad de poder ser recuperado una vez efectuada la amalgamación de la plata, éste se devolvía después de haber sido utilizado. Plata obtenida ilícitamente fue vendida al Banco de San Carlos, creado en Potosí para eliminar a los rescateros (traficantes de plata en bruto) y compradores privados, y dar crédito a los azogueros para la compra de materiales de explotación minera. El Banco cotizaba la plata producida ilegalmente a menor precio que aquella producida por los azogueros: a los azogueros se les pagaba siete pesos y cuatro reales por marco de plata, mientras que a los kajchas se les pagaba tan sólo seis pesos y cuatro reales.

Según Tandeter, en el siglo XVIII la administración colonial se hizo de la vista gordo con la producción de plata proporcionada por los trapicheros ilegales, que recibían pella (mineral en bruto) de los kajchas para ser refinada. En este trabajo cometían una doble infracción: por un lado, trabajaban con mineral robado y, por otro, se apropiaban de restos de mineral y de azogue de los propios kajchas, que luego vendían a los mercaderes de plata. Hacia 1725 existían en Potosí veinte trapiches; cinco años después habían más de sesenta.[13] Los trapiches producían aproximadamente veinte cajones de cincuenta quintales (46 kilos), mientras que los ingenios producían 580 cajones. Como su situación era semiclandestina, los trapicheros hacían transacciones con los comerciantes franceses, que ejercían el contrabando de plata desde el puerto de Arica en las costas pacíficas. Hacia 1735 las autoridades de Potosí decidieron plantear la demolición de los trapiches, lo cual no llegó a realizarse, ya que los empresarios mineros observaron que, aunque les robaban, aquellos trapiches mantenían en cantidad considerable a las arcas de Cajas Reales. Su presencia en el mercado de la plata en Potosí finalmente era un mal menor.

El auge de los kajchas en Potosí tuvo lugar en la década de los cincuenta en el siglo XVIII, pues según Tandeter en 1762 había 4,000 kajchas y 235 trapiches, mientras que en 1794 el número bajó a 27.[14] Hacia finales del siglo, fueron los mismos kajchas quienes se dieron cuenta que hacía falta cierta clase de milicia que normara y cuidara la extracción de mineral del cerro, sobre todo, en lo que se refiere al mantenimiento de las obras de soporte en el interior de las minas. Dentro de las reformas al sistema de la mita redactadas por Cañete, en el marco de las Reformas Borbónicas, se establecía que los kajchas fueran empadronados y organizados en cuadrillas; pero ésta, como tantas otras medidas de las reformas, no llegó a ejecutarse. Según el historiador Lewis Hanke, Cañete también diseñó un plan para reorganizar el sistema de la mita en las minas. Este plan dio lugar a un debate con Victoriano de Villalva, un oidor de la Audiencia de Charcas sobre la obligatoriedad de la mita, que solamente terminó con las guerras civiles de la independencia.

TECNOLOGÍA IMPORTADA PARA
POTOSÍ EN EL SIGLO XVIII

Como parte del apoyo que la corona española decidió dar a la producción minera de Potosí, envió una misión técnica encargada de estudiar la mejor manera de refinar el mineral de plata a menor costo. La misión, que ha sido ampliamente estudiada por Tandeter y Marie Buechler, llegó a la villa en 1789, un mes después de la toma de posesión del intendente de Potosí Francisco de Paula Sanz. Estuvo compuesta por el Barón Íñigo von Born y el Barón Thaddeus von Nordenflicht, ambos de origen germánico y entendidos en el tema. El método de von Born permitía obtener plata pura en tres o cuatro días. Para ello se requería, además de las máquinas de molienda tradicionales, hornos para calcinar mineral y recipientes giratorios o barriles en los que se producía la incorporación del mercurio al mineral, acelarada por la aplicación del calor. La mayor ventaja de este proceso era el aumento de la cantidad de plata pura a obtenerse por unidad beneficiada. Von Nordenflicht prometió un aumento de doscientos por ciento en el rendimiento del mineral con una disminución del cincuenta por ciento de sal y una baja del noventa por ciento en el consumo de mercurio. Todo el proceso se llevaría a cabo en cuatro días en lugar de cuatro semanas, y se eliminaría la necesidad de los indios que mezclaban la amalgama apisonado. Paradójicamente hubo un franco boicot por parte de los azogueros, quienes desprestigiaron este método.

En el siglo XVIII, aunque Potosí ocupaba un lugar secundario en las exportaciones de plata en relación a México, aún ocupaba un lugar envidiable dada su función de eje vertebrador de la ruta comercial entre Lima y Buenos Aires. A fines del siglo, esta situación económica dio lugar a fuertes pugnas de poder entre el Virreinato de Perú y el de La Plata. La creación del Virreinato de La Plata en 1776 ocasionó que el flujo mercantil fuera hacia Buenos Aires, propiciando de esta manera el desarrollo de las ciudades del norte de Argentina y provocando la decadencia del poder económico de Lima.

DINÁMICA SOCIAL

Según la relación de Capoche, la vida social en la Villa Imperial de Potosí en el siglo XVI estuvo muy influida por la gran cantidad de plata. El español se hacía rico rápidamente en el comercio o en la minería, y los mineros donaban sumas espectaculares para la construcción de iglesias y conventos. Como observó Hanke, el boato era muy apreciado:

. . . no muy entrado el siglo XVII había en la villa, más de setecientos tahúres profesionales y ciento veinte célebres prostitutas, entre éstas la temible cortesana doña Clara, cuya belleza y riqueza fueron impares. Mujer la más fastuosa de Potosí, sabía adornar su mansión con el lujo de Oriente y de Europa, pues sus salones eran frecuentados por los mineros más ricos, que competían ardorosamente por sus favores. Populaban los vagabundos y los oficiales reales informaban indignados que esta gente perdida no hacía otra cosa que vestir con lujo y comer y bebercon exceso, sus pretensiones subieron tanto, que Juan Fernández se atrevió, en 1588, a tramar una conspiración por medio de la cual esperaba proclamarse rey de Potosí.[15]

En términos parecidos, Concolorcorvo observó que «el principal lujo de esta villa, como casi sucede en los demás pueblos grandes del reino, consiste en los soberbios trajes, porque hay dama común que tiene más vestidos guarnecidos de plata y oro que la princesa de Asturias» El sentido lujoso de la vida de los españoles fue transmitido también a los mestizos y a los negros. Las mujeres españolas y mestizas, en lugar de amamantar a sus hijos, se valían de nodrizas indias. Además, sirvientes mestizos podían tener sirvientes indios, y si un negro iba al mercado por cuenta de su amo, podía llevar consigo a un indio que cargase los víveres.

La vida cotidiana en Potosí estuvo amenizada con festejos de toda índole, generalmente callejeros. En estas festividades se destacaba el teatro, acompañado de música, danza y coplas, además de la complicada escenografía. Las máscaras de los azogueros fueron particularmente extravagantes, y Teresa Gisbert ha determinado que las representaciones teatrales puestas en escena en corrales de comedias o coliseos a veces duraban varios días.[16] Según la historiadora Gwendolyn Cobb, cuando las noticias de la coronación de Felipe II llegaron a la ciudad en 1556, se realizó un festival que duró veinticuatro días. Las calles de la ciudad estaban llenas de gente vestida con ropa cara, con joyas y caballos. Los premios y gastos ascendieron a ocho millones de pesos y algunas mujeres gastaron hasta 14,000 pesos en ropa y en joyas para las fiestas.

Pero la vida en Potosí estaba lejos de ser pacífica. Las peleas eran tan frecuentes que se producía un continuo estado de violencia y zozobra. El Cabildo tuvo incluso que dictar una ley ordenando que los duelos fueran en las afueras de la ciudad. Esta situación se volvió más crítica en el siglo XVII cuando los poderosos de la ciudad se denunciaban mutuamente por la evasión del pago de la Real Hacienda. Desde finales del siglo anterior se habían conformado en Potosí dos bandos, los españoles y los criollos, claramente definibles por la importancia económica y social que habían alcanzado respectivamente. Los vicuñas, llamados así por el sombrero de lana de vicuña que vestían, querían destruir el poder de los vascos, que ocupaban los puestos de mando de la ciudad. (Muchos de los azogueros fueron de ascendencia vasca.) Los encuentros sangrientos entre 1622 y 1641 terminaron con la intervención del Virrey y la marcha al patíbulo de seis jefes de ambos bandos.

ABASTECIMIENTO Y COMERICO

Potosí y Lima fueron los dos polos importantes del comercio colonial; el primero por su gran riqueza y el segundo por ser sede administrativa y de gobierno. Potosí era la ciudad mejor abastecida del Virreinato, ya que su producción de plata fue siempre de gran importancia, comprometiendo la participación de mercaderes españoles, mestizos e indios. Ciudades y villas de toda la región comerciaban con Potosí. Los productos alimenticios de primera necesidad provenían de tambos a cuatro y ocho leguas de distancia e incluso de zonas más alejadas como Chuquisaca, que suministraba buena cantidad de maderas y cereales. Otras ciudades en lo que hoy es Bolivia enviaron distintos productos. Mientras Cochabamba hacía importantes envíos de trigo y maíz, La Paz enviaba telas de obrajes, coca y plátanos secos. Villas de Santa Cruz, la parte oriental de Bolivia, de clima cálido, enviaron azúcar, y de la zona del Lago Titicaca, enviaron pescado fresco. El grado de especialización productiva dentro de las regiones del virreinato aseguró que su comercio fuese autosuficiente y no dependiente del comercio externo.

Los productos europeos llegaban al puerto de Callao. De allí eran transportados en navíos al puerto de Arica. De Arica viajaban a Potosí, remontando la Cordillera con recuas de mulas en fila trayendo todo aquello que la plata podía comprar: tafetanes, brocados, terciopelos y todo género de sedas y tejidos de Granada, Priego y Jaén; medias de seda y espadas de Toledo; paños de Segovia; abanicos, estuches, juguetes y curiosidades de Madrid; medias, mantos y todo género de lencería de Francia; tapicería, espejos, láminas, cambrayes, puntas de encaje y todo género de mercerías de Flandes; lienzos y paños de Holanda; de Alemania espadas y todo género de acero y mantelería. De los principados italianos traían papel, sedas, paños, preciosos bordados, puntas de oro y plata y ricas telas; de Inglaterra, sombreros y todo género de tejidos de lana; de Chipre y las costas de Africa traían cera blanca; de la India Oriental, grana, cristales, carey, marfiles y piedras preciosas; diamantes de Ceylán; y de Arabia y el Cercano Oriente, fragancias, alfombras persas, todo género de especias, almizcle y algalia. De China, loza blanca y azul; de México cochinilla, añil, vainilla, cacao y maderas; de Brasil traían palo; de India y además de la isla Magarita, Panamá, Cubagua, Puerto Viejo, todos en el Virreintao de Nueva Granada, traían perlas, cadenillas y pedrería. De Quito venían los paños, bayeta y jerguetas.

Durante el período colonial, la élite de Potosí tenía todo lo que la gente acaudalada pudiera desear. Arzáns de Orsúa y Vela indicó que en el siglo XVIII, incluso cuando ya la producción de plata había decaído considerablemente, todavía se traían a Potosí mercancías por un valor anual de 7,800,000 pesos en una «infinita suma de navíos», prácticamente de todos los países del mundo. Según el *Correo Mercantil de España a sus Indias* bonaerense, en 1797 Potosí importaba anualmente 1814.4 kilogramos de añil de Lima; 2721.6 kilogramos de chocolate y 2,000 varas (1,707 metros) de paños de Quito; 10,500 cestos de coca de La Paz, y 200,000 varas (170,688 metros) de lienzo de algodón de Cochabamba. En todo ese tiempo, a los ciudadanos de Potosí parecía no importarles que los precios en Europa fueran elevados o que España estuviera viviendo una crisis económica muy seria, con cierres industriales y baja producción agrícola. La crisis de la metrópoli no influyó en el comercio resplandeciente del Virreinato de Perú. Con la creación del Virreinato de La Plata, Buenos Aires pasó a conformar otro foco de crecimiento comercial de las colonias españolas en América.

Las rutas comerciales autorizadas que unían a Potosí con el mundo hasta la creación del Virreintao de La Plata eran dos: una por Arica y otra por Cuzco. La primera, la llamada «ruta de plata», iba de Potosí a Arica, y de allí por vía marítima se conectaba con Callao. De regreso, la «ruta de la mercadería de Castilla» (que se refería a toda la mercancía proveniente de Europa), tomaba la ruta marítima desde Callao hasta Arica y de allí a Potosí por tierra remontando la Cordillera de los Andes. La ruta del azogue iba desde las minas de Huancavelica por tierra hasta Chincha, que más tarde sería Pisco, prosiguiendo por vía marítima hasta Arica, y de allí, remontando la Cordillera por tierra, hasta Potosí. El medio de transporte fueron la mula y la llama. En territorio hoy peruano ambos animales se usaron por igual, aunque en las tierras altas de Bolivia se prefirió la llama. Cabe destacar que si bien la llama carga solamente 9.1 kilogramos, aguantaba mejor el viaje desde Arica hasta Potosí, que ascendía desde el nivel del mar hasta 4,100 metros sobre el nivel del mar. Las recuas estaban constituidas por piaras de nueve llamas y eran conducidas por arrieros bajo la dirección de un dueño de recua.

También existía la ruta que iba de Potosí a Lima. Se hacía vía Oruro, La Paz, Cuzco, Ayacucho, Huancavelica y Jauja. El propósito de esta ruta era llevar plata, pero no destinada a España, sino para pagar productos encargados en Potosí. La ruta era utilizada también para exportar productos interregionales como el ganado proveniente de las provincias de La Plata. Hasta 1776, cuando se declara puerto autorizado a Buenos Aires, toda la plata que salía por allí era contrabando. Seguía la ruta de Potosí, Jujuy, Salta, Tucumán, Córdoba y Buenos Aires—la misma ruta que se tomaba para vender toda clase de ganado en Potosí. La venta del ganado era tan elevado, que una mula que en Buenos Aires valía cinco pesos, en Potosí se vendía en cuarenta pesos.

ORGANIZACIÓN ADMINISTRATIVA Y FINANCIERA

Hasta 1564, cuando se funda la Villa Imperial de Potosí, Potosí existió como campo minero. En esa fecha, se convirtió en un corregimiento más que se administraba bajo el gobierno político adminstrativo de la Audiencia de Charcas. El gobierno mismo de la ciudad estaba dirigido por el Cabildo y encabezado por dos alcaldes, un alférez, un regidor y un fiel ejecutor.

La administración financiera de la ciudad era igual a la de todas las provincias del Virreinato. Existían dos oficiales reales que recogían el quinto real en Potosí, cargo que era de mucha estimación. Por debajo de ellos estaban el contador, el tesorero, el factor, el proveedor y el pagador. El contador llevaba en el libro de cuentas todos los asientos financieros. Llevaba además libros de asiento de cédulas, de cartas del rey, el de tasas de repartimientos, el de deudas, el de salarios, el de libranzas, el de fundiciones, el de minas, el de licencias y el de alcabalas.

Como la primera fuente de ingresos eran las regalías, Potosí se constituía en la abanderada entre las ciudades coloniales del Virreinato de Perú. La abundancia de plata y la necesidad de moneda indujeron al Virrey Toledo a mandar construir una Casa de Moneda en 1572. La ceca fue instalada en la parte sur de la Plaza del Regocijo, frente a la Catedral, en un amplio local destinado a la Cajas Reales. En el local se establecieron tres hornazas para la fundición de metales y corte de las monedas, asignándose a cada uno un capataz y cuatro esclavos. La plata se comenzó a amonedar obligatoriamente con objeto de satisfacer la necesidad de moneda en el Virreinato de Perú.

CONSIDERACIONES FINALES

La época de mayor grandeza en Potosí data de la última década del siglo XVI y las primeras cuatro décadas del siglo XVII. Es la época en que se produjo mayor y mejor calidad de plata. Coincide también con la mayor población concentrada. En 1620, con sus 120,000 habitantes, Potosí era la quinta ciudad más grande del mundo, después de Londres, Sevilla, París y Madrid. Con todo, fue una ciudad llena de contrastes. Para empezar, es un lugar de clima duro, frío y ventoso, con temperaturas bajo cero durante la mayor parte del año. La suntuosidad de las fiestas religiosas y paganas que se celebraron en Potosí, donde desfilaban carros alegóricos con personajes suntuosamente ataviados con trajes de mitología griega y odaliscas persas, contrastaban con el sufrimiento de los indios metidos en sus míseras rancherías donde se veían obligados a convivir con muchas otras familias y a menudo encontraron consuelo en la bebida. La extrema opulencia de Potosí dio lugar a múltiples extravagancias, como que en épocas de sequía se pagara hasta seis pesos por un jarro o vaso de agua, o que se trajeran en hombros de indios troncos hasta de cuarenta metros de largo para poner en pie un ingenio de molienda de mineral de plata. Hoy Potosí vive de glorias pasadas. De su población de 100,000 habitantes, el cincuenta por ciento todavía es analfabeta y vive en condiciones de extrema pobreza. La montaña que produjo tanta plata hoy no es más que un fantasma que adorna la ciudad y le recuerda lo que fue.

Notas

1 Lewis Hanke, *Luis Capoche y la historia de Potosí*, 1545–1585 (Lima: Instituto Riva-Agüero, 1959).

2 Enrique Tandeter, *Coercion and Market: Silver Mining in Colonial Potosí, 1629–1826* (Albuquerque: University of New Mexico Press, 1993), p. 4.

3 Álvaro Alonso Barba, *Arte de los metales* (Potosí: Casa de la Moneda, 1966 [1640]).

4 Thierry Saignes, «Ayllus, mercados y coacción colonial: El reto de las migraciones internas en Charcas (siglo XVII)», en *La participación indígena en los mercados surandinos: Estrategias y reproducción social, siglos XVI a XX*, ed. Olivia Harris, Brooke Larson, y Enrique Tandeter (La Paz: CERES, 1987), pp. 111–158; Laura Escobari, «Migración multiétnica y mano de obra calificada en Potosí siglo XVI», en *Etnicidad, economía y simbolismo*, ed. Silvia Arze, Rossana Barragán, Ximena Medinaceli, y Escobari (La Paz: HIBSOL, 1993), pp. 67–83.

5 Peter J. Bakewell, *Miners of the Red Mountain: Indian Labor in Potosí, 1545–1650* (Albuquerque: University of New Mexico Press, 1984), pp. 123.

6 Ibid., pp. 142.

7 Este plano fue publicado por José de Mesa y Teresa Gisbert.

8 Carlos Sempat Assadourian, *El sistema de la economía colonial* (Lima: I.E.P., 1982).

9 Saignes, passim.

10 Tandeter, pp.206–211.

11 Tandeter, p. 85.

12 Conocolorcorvo, *El lazarillo de ciegos caminantes*, ed. Anotnio Lorente Medina (Caracas: Biblioteca Ayacucho, 1985), pp. 110.

13 Tandeter, p. 97.

14 Hanke.

15 Ibid.

16 Teresa Gisbert, *Teatro virreinal en Bolivia* (La Paz: Ediciones Biblioteca de Arte y Cultura, Presidencia de la República, 1962), p. 8.

Potosí: Urbanismo, arquitectura y la imagen sagrada del entorno físico

Teresa Gisbert

EL TRAZO URBANO

En 1545, el indio Diego Huallpa descubrió mineral de plata en la superficie del Cerro de Potosí. Con el tiempo, Potocchi o «el que estalla», su nombre original en el idioma indígena aimara, se habría de convertir en el Cerro Rico, el yacimiento argentífero más grande del mundo. Tanto Huallpa como el padre jesuita José de Arriaga informan que el Cerro de Potosí era una huaca o lugar sagrado indígena. En su testamento, Huallpa explica que «. . . en cierta ocasión cuatro soldados le enviaron a la cumbre del cerro, habiendo encontrado allí un adoratorio indígena con ofrendas . . . y que fue entonces que descubrió la plata del cerro».[1] En una carta escrita en abril de 1599 al general de los jesuitas en Roma, Arriaga se refiere al Cerro de Potosí, y a un pequeño cerro cercano en los siguientes términos: «Poco más de dos millas de esta Villa, en el camino Real están dos cerros que los indios desde tiempo inmemorial han tenido extraña devoción y van allí a hacer sus ofrendas y sacrificios».[2] El carácter sagrado del cerro quizá explique el que hubiese permanecido intacto hasta la llegada de los españoles.

Inicialmente, el poblado español de Potosí fue construido sin orden ni concierto en 1545, cerca de la aldea indígena de Cantumarca, asentándose en él setenta y cinco hombres llegados de la ciudad de La Plata. En su libro *Historia de la Villa Imperial de Potosí* (1737), el cronista potosino Bartolomé Arzáns de Orsúa y Vela señaló que los colonos españoles no se molestaron «en nivelar las calles ni ahondar cimientos, ponían piedra sobre piedra y adobe sobre adobe, con gran prisa, por cuya causa quedó muy mal formada la Villa».[3] La organización urbana de Potosí empezó en 1572 con la llegada del Virrey Francisco de Toledo, quien aplicó las Ordenanzas de Indias de 1545, un decreto real con instrucciones detalladas sobre cómo construir una ciudad. El nuevo Potosí, que incorporó al poblado existente, habría de caracterizarse por la mezcla de elementos arquitectónicos de las culturas española y andina.

LA CIUDAD Y EL SISTEMA MINERO

Cuatro elementos singulares componen el trazado urbano de Potosí: los barrios de indígenas situados al pie del Cerro de Potosí; la estructura en forma de damero en torno a la Plaza Mayor, donde moraban españoles y criollos, con sus esclavos africanos; el gran centro de mercados en torno a la parroquia de San Lorenzo y la Casa de Moneda; y el sector industrial a ambos lados del gran canal de La Ribera. La ciudad que se fue formando al pie del cerro se estructuró en función de las actividades mineras que en ella se realizaban. En los primeros tiempos, la tacana, el mineral rico en plata que se obtenía del cerro, se fundía en hornos indígenas llamados huayras para extraerle la plata. Cuando el porcentaje de plata de la tacana disminuyó, fue necesario aplicar el método de refinamiento basado en la amalgamación con mercurio inventado por Bartolomé Medina en la Nueva España, que se puso en vigencia en Potosí poco antes de la llegada del Virrey Toledo.

El Virrey y sus asesores decidieron embalsar las aguas de las lagunas de la serranía de Cari-cari, en la Cordillera Oriental, a fin de generar fuerza hidráulica para los trapiches en los ingenios, que pulverizaban el mineral de plata antes de fundirlo. La primera represa, que también fue la mayor, se construyó en 1574 en la laguna de Chalviri. Su muro de contención tenía casi 238 metros de largo. Dos años más tarde, se construyó una represa en la laguna de San Ildefonso para suministrar agua no sólo a los ingenios, sino también al poblado. De ella escribió Arzáns de Orsúa y Vela: «La parte que mira a la Villa está hecha de una muralla fortísima de piedra y cal, y tan ancha que puede pasearse por ella una carroza . . .».[4] En total, el Virrey Toledo mandó a construir dieciocho represas. En la construcción de las primeras trabajaron veinte maestros de obra y seis mil indios trabajadores. Para fines del siglo XVIII habían veintisiete represas, agrupadas en cuatro sistemas diferentes: el de San Sebastián, el de San Ildefonso, el del Norte y el del Sur.

El canal de La Ribera se construyó para llevar el agua, necesaria para el proceso de refinamiento de la plata, de las represas de la serranía de Cari-Cari hasta la ciudad de Potosí, situada en el valle de Tarapaya. El canal recorría Potosí de este a oeste, dividiéndola en dos sectores. Al pie del cerro estaba el sector de los mitayos, donde vivían los indios sujetos a la mita, el sistema de trabajo forzado que proveía mano de obra a las minas; del otro lado del canal estaba el sector reservado para españoles, criollos, mestizos y esclavos negros. Sesenta y seis maestros y doscientos oficiales de obra, todos españoles, así como cuatro mil indios, trabajaron en la construcción de los ingenios fortificados y del canal, que tenía 5.6 kilómetros de largo por 8.5 metros de ancho y estaba hecho de argamasa y piedra.

En 1574 se empezó a pulverizar el metal de plata en los cercanos ingenios de Tarapaya y Tabacoñuño; poco después se empezaron a levantar ingenios dentro del casco urbano, entre ellos doce movidos por fuerza hidráulica. Se calcula que en 1595, cuando el sistema de ingenios había llegado a su apogeo, según el cronista Luis Capoche, la red hidráulica tenía 22.5 kilómetros de largo. Como había ingenios dentro de la ciudad, los acueductos cuyas aguas propulsaban las ruedas de moler atravesaban el tejido urbano. Cuando la amalgamación de mercurio en frío no bastó, Álvaro Alonso Barba perfeccionó el sistema al introducir hornos para calentar el mineral.

Cada uno de los ingenios que se construyeron sobre La Ribera estaba rodeado de una muralla. Dentro del recinto estaba el «castillo», un fuerte muro que sostenía la rueda de agua que propulsaba los martillos pulverizantes. Al fondo había un área donde se guardaba el mineral de plata que los indígenas traían del cerro, y un almacén para cobre, sal, cal y otros elementos necesarios para el procesamiento de la plata. Junto a la puerta principal se guardaba la plata procesada y el mercurio o azogue. La capilla y la casa del azoguero completaban el conjunto. Imágenes de ingenios con sus trabajadores indígenas aparecen en un cuadro pintado por Gaspar Miguel de Berrío en 1754, hoy parte de la colección del Museo Charcas de Sucre, en el que se muestra una serie de estructuras al pie del Cerro del Potosí. Otros documentos gráficos al respecto son el dibujo coloreado de un ingenio que es parte de la colección de la Hispanic Society of America de Nueva York y un dibujo que ilustra la historia de Potosí de Arzáns de Orsúa y Vela (lám. 24). Once puentes sobre La Ribera conectaban los barrios de los indios mitayos con el Potosí español. Sólo uno existe hoy: el Puente del Diablo, a la salida de la ciudad, por el que los indios yura entraban con sus recuas de llamas cargadas de sal de las salinas de Uyuni y Coipasa.

LOS BARRIOS DE INDIOS

La industria minera de Potosí dependía del trabajo forzado que realizaban en las minas los pobladores indígenas de la vasta zona entre Potosí y las cercanías de Cuzco. El Virrey Toledo basó el sistema de la mita colonial en el sistema incaico de trabajo agrario y minero. Aunque restringida al servicio en las minas, la mita colonial constituyó una carga muy pesada para los indígenas sujetos a la misma. Además de los indios forzados a laborar en las minas, la población indígena de Potosí incluía muchos yanaconas que trabajaban libremente como artesanos, sirvientes domésticos o trabajadores especializados en las propias minas y los ingenios. Había un tercer grupo de indígenas llamados forasteros.

Durante los años de mayor prosperidad, es posible que la población indígena de Potosí haya llegado a los cien mil habitantes. Un mapa de la ciudad en el que la tipología de las viviendas permite diferenciar a la población indígena de la española indica que el sesenta por ciento del territorio estaba ocupado por indígenas. Barrios poblados por indígenas procedentes de zonas rurales empezaron a surgir alrededor de las catorce iglesias parroquiales construidas en la parte indígena de la ciudad. En su *Viaje fascinante por la América hispana del siglo XVI*, el padre Diego de Ocaña, que visitó Potosí en 1600, dice: «Son las casas de los indios como pocilgas . . . unas piedras puestas por la mayor parte en redondo con un poco de barro, y por la parte de arriba con paja, y tan bajas que apenas se puede estar de pie».[5] Las pequeñas viviendas circulares de estilo aimara así descritas son similares a las que se pueden ver hoy en el pueblo de Chipaya, departamento de Oruro.

En su libro de 1773, *El lazarillo de ciegos caminantes desde Buenos Aires hasta Lima*, el cronista Alonso Carrión de la Bandera, más conocido como Concolorcorvo, señaló que los barrios indígenas potosinos eran como «laberintos que formaban las cabañas de los indios con sus muchas veredas . . .».[6] Para entonces, las viviendas de un sólo piso y planta cuadrada de tipo español ya habían reemplazado a las tradicionales casas circulares, y los barrios indígenas eran laberintos de callejuelas y callejones estrechos e irregulares conformados a la topografía del terreno. Aún puede verse un barrio de este tipo en las cercanías de la iglesia de San Sebastián.

LA CIUDAD ESPAÑOLA

Las Ordenanzas de 1545 aplicadas por el Virrey Toledo para regularizar el trazo urbano de Potosí disponían que las «poblaciones de tierra adentro, elijan el sitio . . . y cuando hagan la planta del lugar, repártanlo por sus plazas, calles y solares a cordel y regla, comenzando desde la plaza mayor y comenzando desde ella las calles a las puertas y caminos principales . . .».[7] Las calles de Potosí se trazaron rectas, formando manzanas cuadradas regulares en torno a la plaza principal. En la periferia se mantuvieron las viviendas circulares de los indios en torno a sus respectivas parroquias.

El trazado urbano en forma de damero de Potosí se estructuraba en torno a tres grandes plazas contiguas y a una serie de plazuelas.

Las tres más grandes eran: la Plaza Mayor, que era la principal, con la Catedral y el hospital; la Plaza del Ccattu, llamada también Plaza de los Quillacas, que era un gran mercado; y la plaza cercana a la iglesia de San Lorenzo de los Carangas. Esta interesante estructura espacial, que unía la Plaza Mayor tanto con el mercado como con una importante parroquia de indios, se alteró entre 1758 y 1773, cuando se levantaron en la Plaza del Ccattu varios edificios, entre ellos la Casa de Moneda. Entre las plazuelas se contaban la de la Merced y numerosos espacios irregulares que funcionaban como tales, por ejemplo la llamada Plazuela del Rayo y el denominado Callejón de Siete Vueltas, que todavía existen. Estos últimos son resabios del antiguo conglomerado urbano formado por callejones irregulares y estrechos.

Varios caminos conectaban a Potosí con las zonas circundantes. Un arco, que marcaba también los límites urbanos, señalaba el principio de cada camino. Sólo queda uno: el Arco de Cobija, desde donde partía el camino hacia la costa. También quedan algunos puentes, como el Puente del Diablo, construido por Diego Sayago allí donde el Camino Real, el principal de Potosí a Cuzco, cruzaba La Ribera. Otro era el Puente de Cantumarca, que salvaba el río Juntumayo en la legendaria quebrada de San Bartolomé, conectando a Potosí con el antiguo poblado indígena. Más allá de la puna, la alta planicie andina que rodea el Cerro de Potosí y la serranía de Cari-cari, se baja hacia valles donde hay prósperas haciendas como las de Cayara, Samasa Alta y Siporo. También se encuentran allí iglesias importantes como el Santuario de Manquiri, cuya extraordinaria arquitectura es una versión andina del antiguo Templo de Salomón.

IGLESIAS Y EDIFICIOS PÚBLICOS

Aunque Potosí era una ciudad industrial construida en torno a un extenso campamento minero, se la dotó de edificios tan importantes como los de otras ciudades virreinales, entre ellos iglesias, hospitales y la famosa Casa de Moneda. Esos edificios se construyeron siguiendo los estilos arquitectónicos del momento, desde el renacentista hasta el neoclásico. Sin embargo, las residencias eran relativamente modestas si las comparamos con los espléndidos palacios de la ciudad de La Paz, como el que alberga en la actualidad al Museo Nacional de Arte. Esta sobriedad arquitectónica se debió posiblemente a que muchos de los colonos abandonaban Potosí en cuanto hacían fortuna.

El estilo mudéjar, un estilo arquitectónico español cristiano que utiliza elementos árabes, está muy bien representado en muchas iglesias potosinas. Una de ellas es la de Santo Domingo, completada en 1580, cuyo interior está cubierto de artesonados de madera en ese estilo, pese a que la portada es renacentista. La iglesia de La Merced, cuya portada del siglo XVII es un interesante ejemplo del Barroco temprano, tiene un notable alfarje—un marco de madera tallada, con molduras decorativas—que sostiene el techo de su inmensa nave. Sin embargo, el mayor conjunto de artesonados mudéjares es el de la iglesia de Copacabana, realizado en 1684 por el artista potosino Lucas Hernández. El artesonado cubre el presbiterio y el crucero, inclusive la cúpula de este último. El retablo de piedra de esta iglesia decorado con sirenas recuerda el lejano Lago Titicaca.

Los artesonados de la iglesia de Copacabana son los últimos testimonios del estilo mudéjar en Potosí, pues pronto las columnas salomónicas y abundante follaje ornamental del Barroco habrían de reemplazar el gusto renacentista. La primera estructura barroca construida en Potosí fue la portada del convento de Santa Teresa, fechada en 1692, que remata un airoso campanario con columnas salomónicas. Este tipo de columna alcanzaría su apoteósis en la iglesia de la Compañía de Jesús. La torre de esta iglesia fue compuesta a la manera de un arco triunfal romano por el artista indígena Sebastián de la Cruz, que la construyó en 1707 con los hermanos Arenas, futuros constructores de la portada de la iglesia de San Francisco (1714).

El arquitecto más destacado del siglo XVIII potosino fue Bernardo de Rojas, que construyó en 1720 la iglesia de los betlemitas, cuya portada muestra un barroco atemperado por el gusto neoclásico. También es obra de Rojas la iglesia de San Bernardo, que fue parroquia de españoles. Ambas iglesias tienen techos abovedados. Al círculo de Rojas se le atribuye la iglesia de San Benito, cuyas once cúpulas le dan la apariencia externa de una mezquita. Según Arzáns de Orsúa y Vela, «el capitán Don Bernardo de Rojas, Luna y Saldaña, maestro de arquitectura insigne, natural de esta Villa . . . para esta obra fue traído de lejos donde se hallaba. Tan aventajado era como lo es en las armas y en la arquitectura, que de una y otra facultad pudiera decir mucho en su alabanza».[8]

Al igual que las iglesias, los dos hospitales de Potosí fueron construidos por órdenes religiosas. El más antiguo era el Hospital Real, donde se atendía a los mitayos. Fundado en 1555 y atendido por la Hermandad de la Vera Cruz, el hospital se trasladó posteriormente a la Plaza Mayor. En el siglo XVIII pasó a manos de los betlemitas, una orden religiosa fundada en Guatemala un siglo antes por Pedro Betencourt, la cual le construyó el espléndido edificio que aún existe. En 1610 la orden de San Juan de Dios fundó un segundo hospital, reservado para los españoles.

Tan impresionante como las iglesias y hospitales de la ciudad era la Casa de Moneda, encargada no sólo de acuñar moneda sino de cobrar el impuesto real del veinte por ciento que se imponía a los mineros, conocido como el «quinto real». Al principio, la Casa de Moneda iba a ocupar sólo tres cuartas partes de la Plaza del Ccattu, dejando el resto como plazuela. Esto no se respetó en el proyecto de construcción definitivo y el edificio ocupó la plaza entera. El mercado tuvo que trasladarse a la plaza de San Lorenzo, que fue transformada en 1792 por el intendente de Potosí, Francisco de Paula Sanz, en una plaza cerrada con portales, una de cuyas alas tenía dos pisos. José de Rivero y Tomás Camberos llegaron en 1753 a Potosí para diseñar el nuevo edificio de la Casa de Moneda. Las obras se iniciaron en 1758, con Salvador Villa a cargo del proyecto definitivo. Sin embargo, en 1770, con los trabajos muy avanzados, Villa murió y fue reemplazado por el oidor Pedro Tagle, a quien se deben parte de las fachadas y dependencias. El edificio terminó de construirse en 1773 y su estilo sobrio refleja el espíritu reinante en tiempos de Carlos III.

ESPACIO Y DECORACIÓN EN
LA ARQUITECTURA POTOSINA

La arquitectura de iglesias y edificios públicos, así como de las viviendas más importantes de Potosí respondió en un primer momento a los estilos renacentista y barroco imperantes en España. Sin embargo, en la segunda mitad del siglo XVII surgió una forma de expresión netamente andina, diferenciada de la española, cuya decoración incorporaba motivos de la flora y fauna locales y algunos elementos de la tradición prehispánica.

El trazado de las iglesias de indios, tanto urbanas como rurales, era muy diferente del de las iglesias españolas. La iglesia propiamente dicha estaba situada dentro de un atrio o recinto cercado, en cada una de cuyas esquinas había una capilla. A menudo éstas eran capillas al aire libre destinada a ganar prosélitos entre los indígenas. La parroquia de San Martín, que servía a los indios lupacas procedentes de la zona del Lago Titicaca, tenía esa estructura, como puede verse en una pintura de Melchor Pérez Holguín fechada en 1716. Este estilo, surgido a fines del siglo XVI en México y en el Perú, pervivió en la zona andina hasta muy entrado el siglo XVIII.

En su libro *Tesoros verdaderos de las Indias* (1680), el dominico Juan Meléndez, dice que «. . . suele suceder que (los indios) se vuelven a los ídolos, y a sus ritos . . . y así se tiene mandado que no sólo en las Iglesias, sino en ninguna parte ni pública, ni secreta de los pueblos de Indios, se pinte el sol, la luna, ni las estrellas por quitarles ocasión de volver a sus antiguos delirios y disparates».[9] Meléndez sugiere que para los indígenas esas imágenes eran, en realidad, ídolos de la antigüedad que pervivían mezclados en la profusa decoración barroca. Sus prédicas deben haber caido en oídos sordos, sin embargo, ya que los elementos astrales se utilizaron en el siglo XVIII para decorar las portadas de las iglesias potosinas.

El sol también está tallado en las portadas de muchas casas potosinas que, por su cercanía a los barrios de mitayos, quizás hayan pertenecido a caciques. (En Cuzco, por ejemplo, los caciques de ascendencia incaica lucían una imagen del sol en el pecho durante las procesiones). Otras casas tenían tallados el sol en combinación con la corona real, quizás como símbolo de la alianza entre la nobleza indígena y los monarcas españoles. La arquitectura habitacional de Potosí era tan variada como la de las iglesias y los edificios públicos, e incluía desde los albergues de los trabajadores mitayos y las casas de

los caciques hasta las mansiones de los ricos azogueros y de nobles tales como los condes de Carma y los marqueses de Otavi. Las residencias de los españoles tenían portadas de piedra, generalmente ostentando el correspondiente escudo nobiliario.

Además del sol, también se representaba a la luna y las estrellas, como ocurre en la iglesia betlemita y en la Casa de Recogidas, un edificio de ladrillo y yeso cuya abundante decoración corresponde al gusto popular. En ésta última, que era la residencia de una comunidad de hermanas laicas integrada por mujeres indígenas, había una portada decorada con el sol, la luna, las estrellas y sirenas, la cual estaba flanqueada por pilastras de orden salomónico inspiradas en los diseños de Sebastiano Ricci.

Las sirenas también aparecen en Potosí en la iglesia de San Lorenzo de los Carangas, y, en las cercanías, en la iglesia de Salinas de Yocalla y en el Santuario de Manquiri. El significado de la sirenas, que originalmente representaron el amor impuro, se examina ampliamente en *Emblemata* (1531) de Andrea Alciati y *Emblemas morales* (1616) de Juan de Horozco y Covarrubias, dos libros que enseñan mediante imágenes y símbolos ciertos conceptos morales. El primero de estos libros fue conocido y consultado en Potosí, como lo fue, seguramente, el segundo. Ambos autores consideran que la sirena es la representación más acabada del mal. Alciati dice que la sirena es «de quien fingieron Homero y los demás, que con su canto y hermosura encantaba las gentes para destrucción de ellas; siendo lo que se mostraba de parecer hermoso y apacible, y lo demás que se encubría fiero monstruo . . . ».[10]

Sin embargo, las dos sirenas en la portada de la iglesia de San Lorenzo de los Carangas aparecen en el cielo, al igual que todas las demás sirenas potosinas. ¿Por qué se colocó a esos monstruos entre el sol, la luna y las estrellas? La explicación quizás se encuentre en los charangos, las pequeñas guitarras de cinco cuerdas que sostienen las sirenas de San Lorenzo, así como en la lira y el violoncelo que tocan, respectivamente, las dos figuras en las columnas superiores. Covarrubias dice que esas criaturas «se llaman sirenas por la música que producen», y añade que la música era tan admirable que «hubo de poner Platón en los cielos ocho sirenas, atribuyendo a cada una de [las esferas] que se alcanzan a ver una sirena, por el concierto y armonía con que se hace aquella música de los cielos . . . ».[11] La música es, pues, lo que conecta a las dos sirenas de San Lorenzo con sus respectivas esferas celestes; y el que haya dos sirenas en vez de las ocho que señalara Platón obedece a razones de composición arquitectónica.

Sin embargo, sería un error creer que en la simbología de la arquitectura mestiza sólo se debe buscar la carga humanista de un paganismo cristianizado. Hubo otras fuentes, también renacentistas, como aquella corriente que en el siglo XVI trató de reconstruir idealmente el famoso Templo de Jerusalén, la primera casa de Dios. Los libros sobre este tema que más influyeron en América Latina fueron *Ezechielem explanationes et apparatus urbis ac Templo hierosolymitani* (1596–1604) escrito en latín por el jesuita Juan de Villalpando en colaboración con el Padre Prado, y *Arquitectura civil recta y oblicua* (1678), de Juan Caramuel. Ambos se conocieron en Potosí. Muchas iglesias de la región trataron de rememorar el Templo de Salomón. Este fue el caso de San Francisco de Lima y el Santuario de Copacabana, a orillas del Lago Titicaca, que no debe confundirse con la iglesia potosina del mismo nombre. En ambas, sin embargo, los resultados no estuvieron a la altura de las intenciones teóricas de los arquitectos. Por el contrario, en el cercano Santuario de Manquiri sí se logró en gran medida la reconstrucción arquitectónica de lo que se creía había sido el Templo. Aunque esta iglesia se construyó a fines del siglo XVIII, refleja el espíritu de los dos libros antes mencionados.

Diseñado por un cura, el padre Juan de Dios Balanza, el Santuario de Manquiri empezó a construirse en 1786. La construcción continuaba aún cuando el obispo San Alberto visitó la iglesia en 1803, año en que el atrio fue terminado por otro cura, de apellido Enríquez. El inusitado diseño del edificio y la fecha en que fue construido muestran cuán arraigados estaban ciertos conceptos nacidos en el Renacimiento y alentados durante los siglos XVII y XVIII. La osadía del proyecto es uno de los ejemplos más convincentes de la originalidad de la arquitectura andina, que respondía a ciertos ideales sin hacer caso del paso del tiempo, ni tampoco del gusto contemporáneo.

Manquiri se levanta sobre una gran plataforma sujeta por contrafuertes, un tratamiento espacial relacionado con la perspectiva del Templo publicada en el libro de Caramuel. Una estrella de seis puntas, sin duda la estrella de David, colocada de manera muy visible en la clave del arco central, recalca la referencia al Templo imaginado.

Dos pares de ángeles separados por dos palmeras ornan la portada del santuario, flanqueando las columnas superiores. La reconstrucción imaginaria del *sanctum sanctorum* hecha por Villalpando, en la que también figuran ángeles entre palmeras, se basa en la descripción bíblica del profeta Ezequiel, a la que se ciñe indudablemente la fachada de Manquiri: «Del pavimento a las ventanas . . . hasta la parte superior de la puerta y hasta el templo interior como exteriormente, había paños con representaciones de querubines y palmeras. Entre querubín y querubín había una palmera . . .» (Ezequiel 41:16, 17). Otros de los elementos decorativos de la fachada de Manquiri que se basan en las descripciones bíblicas del Templo de Salomón son los seis lirios y las cuatro granadas que la ornan, parecidos a los que decoraban las dos grandes columnas del Templo, Boaz y Jaquim.

Mientras que el Templo de Salomón fue fuente de inspiración para muchas iglesias de Potosí y sus alrededores, el Cerro Potosí, por su parte, fue conceptualizado en términos cristianos. La ciudad de Potosí se levanta al pie de un cerro rojizo de entrañas de plata. De este cerro, venerado por los indígenas, que no osaron explotar sus riquezas, dependía la vida misma de la ciudad. No es raro, por ello,

que a principios del siglo XVIII un artista anónimo haya pintado un gran lienzo que representa la unión de Pachamama, la madre tierra de la religión de los pueblos andinos, con la Virgen María. Montañas forman parte del cuerpo literal de la Pachamama, y en esta pintura, la Virgen sale del Cerro de Potosí, como si fuera parte de ella—un símbolo dramático de la unificación de dos culturas.

En el siglo XVII se hicieron famosos los milagros de la Virgen para proteger a los indios mitayos. Se decía que la Virgen aparecía sobre el cerro y que desde allí daba su ayuda a los pobres indios, que muchas veces eran víctimas de accidentes en los ingenios o eran aplastados por socavones derrumbados en las minas. El artista indígena Francisco Tito Yupanqui, creador de la imagen de la Virgen de Copacabana, dejó también un dibujo, hoy perdido, que mostraba la aparición de la Virgen sobre el Cerro de Potosí. Oriundo del pueblo de Copacabana, a orillas del Lago Titicaca, Tito Yupanqui se mudó a Potosí a fin de aprender allí el oficio de pintor y escultor. Su dibujo perdido es el antecedente de una pintura que muestra a la Virgen María y al Cerro de Potosí como una sola entidad, que se conserva en el Museo de la Casa Nacional de Moneda, en Potosí. Otra versión de este tema, de la segunda mitad del siglo XVIII, está en la colección del Museo Nacional de Arte, en La Paz (lám. 20).

La fusión pictórica de la Virgen y el Cerro de Potosí se fundamenta en el libro *El Santuario de Nuestra Señora de Copacabana* del fraile agustino Alonso Ramos Gavilán. «María es el monte de donde salió aquella piedra sin pies ni manos que es Cristo», dice, aludiendo al hecho de que, en vez de resistir, Cristo aceptó valerosamente su crucifixión. El autor también compara a la Virgen con una montaña de piedras preciosas, una comparación que se puede aplicar, en particular, al Cerro de Potosí. En otra parte, Ramos Gavilán infiere: «Dios [es] el padre que produce la vida, [y] porque ningún bien llegue a la tierra sin que se deba a la Virgen, deposita en ella los rayos de su poder».[12] En otras palabras, en este símil del sol fecundando a la tierra para crear vida, Dios deposita sus rayos en la Virgen, convirtiéndola en madre. Así, Pachamama y la Virgen María eran una.

La superposición de la Virgen María sobre el Cerro de Potosí también contrarrestó los poderes subterráneos de los cerros. Esos poderes se manifestaban en El Tío, el señor de los metales, un ser fálico el cual se creía que vivía en las montañas y que, en una alusión a los volcanes, echaba humo por la boca. En 1620 Bernabé Cobo escribió que los indígenas llamaban a este ser «El Tío» porque no podían pronunciar la palabra «dios»; el «Tío» de las minas era, pues, un dios cuyo nombre indígena no conocemos. Arzáns de Orsúa y Vela dice que, en 1575, «. . . ahondando una de sus poderosas minas . . . hallaron una estatua de metales diferentes que . . . era del tamaño de un hombre mediano. El rostro tenía muy hermoso (aunque los ojos no estaban bien formados) y era de plata blanca; el pecho hasta la cintura de rosicler; los brazos de diversas mezclas; no tenía forma de pies sino que desde la cintura iba adelgazando hasta rematar en punta, . . . y torso era de metal negrillo . . .». Añade: «Quisieron sacarla entera como estaba y no se pudo porque como tenía la cabeza pegada a un gran trozo de metal al cortarlo se quebró el pezcuezo . . . . Los indios comenzaron sus acostumbradas y diabólicas interpretaciones, y luego, un llanto y vocería, pues como simples y agoreros decían que aquél era el cerro de Potosí, y que ya los españoles le quitaron su cabeza como lo habían hecho con sus Ingas . . .».[13] El cuerpo de este ídolo fue fundido y la cabeza guardada, pero luego ésta se perdió.

El Cerro de Potosí tenía, pues, un lado benéfico asociado con la Virgen María y una contraparte oscura que nos muestra un ser masculino que representaba al apu, o señor del cerro, o más propiamente al cerro mismo. En un principio, para impedir la «idolatría», se levantó una capilla católica en la montaña. Cuando esto no fue suficiente, se fue poniendo el Cerro de Potosí bajo la protección de María hasta que el culto indígena fue erradicado.

Otros aspectos de la Virgen María en los Andes fueron igualmente sincréticos. La patrona de los indígenas de Carangas, que llegaron a Potosí como mitayos, era la Virgen de Sabaya, que había reemplazado el culto más antiguo del volcán Sabaya. En la iglesia de San Lorenzo de los Carangas, en Potosí, había una pintura de la Virgen de Sabaya realizada por el renombrado artista indígena Luis Niño. En 1736 Arzáns de Orsúa y Vela informó sobre la presencia de este artista en la ciudad de la manera siguiente: «Al presente que esto se escribe se halla en esta Villa (Potosí) como natural de ella, Luis Niño, indio ladino, segundo Xeusis, Apeles o Timantes . . . . Varias obras de sus manos labradas en plata, madera y lienzo han llevado a la Europa, Lima y Buenos Aires . . .».[14] Las pinturas de Niño, que fueron muy famosas en su tiempo, responden a la estética andina, así como la pintura cuzqueña; son bellísimas obras sobredoradas que conservan la calidad de íconos. La comparación que Arzáns de Orsúa y Vela hace de Niño con los maestros griegos habla de la alta estima de que gozaba el artista entre sus contemporáneos.

La figura de la Virgen como montaña sagrada fue introducida en la ciudad de Potosí por la población indígena, que fusionó el cristianismo con sus antiguas religiones andinas. Esta figura, y sus representaciones, no sólo expresan la integración de dos culturas, sino la integración de un pueblo a su entorno ecológico. El Cerro de Potosí era el hábitat tanto de la Virgen como del demonio. Intacta hasta la llegada de los españoles, la montaña ayudaba y castigaba, amenazando constantemente a quienes osaban abrir sus entrañas. La ciudad que nació a sus pies llevaba una vida despreocupada y pecaminosa, con periódicos arrebatos místicos que se expresaban en procesiones y actos de penitencia pública. La pintura, escultura y arquitectura producidas en Potosí durante el período colonial son un testimonio de ese querer acercarse a Dios en medio del ruido de las ruedas hidráulicas, de las luchas callejeras, de los lamentos de los mitayos y de los rezos que salían de los conventos. Potosí fue la ciudad andina del Barroco por excelencia.

Notas

1 Mario Chacón Torres, *Arte virreinal en Potosí*, pág. 4.
2 Documento citado por Antonio Egaña, *Monumenta peruana*, págs. 687–688.
3 Bartolomé Arzáns de Orsúa y Vela (1737/1965), *Historia de la Villa Imperial de Potosí*, pág. 48.
4 Ibid.
5 Diego de Ocaña, *Viaje fascinante por la América hispana del siglo XVI*, pág. 191.
6 Concolorcorvo, *El lazarillo de ciegos caminantes*, pág. 341.
7 *Recopilación de las leyes de Indias*, 3 vols. Tomo II, pág. 248, ss. Madrid, 1943.
8 Arzáns de Orsúa y Vela, (1737/1965), págs. 198 y 244.
9 Juan Meléndez, *Tesoros verdaderos de las Indias*, pág. 62.
10 Andrea Alciati, *Emblemata* (1531), pág. 408.
11 Juan de Horozco y Covarrubias, *Emblemas morales* (1616), op. 52.
12 Alonso Ramos Gavilán, *Santuario de Nuestra Señora de Copacabana*, pág. 94.
13 Arzáns de Orsúa y Vela (1737/1965), pág. 198.
14 Arzáns de Orsúa y Vela (1737/1965), pág. 430.

La pintura en Potosí

José de Mesa

El surgimiento de la pintura en Hispanoamérica durante la época virreinal (1535–1825) estuvo íntimamente conectado a la evangelización del continente. En 1493, el Papa Alejandro VI emitió una bula papal por la que adjudicaba todos los territorios situados a cien leguas al oeste y al sur de las llamadas Islas Azores o de Cabo Verde a los Reyes Católicos de España, Fernando e Isabel, bajo la condición estricta de que cristianizaran a los habitantes del recién descubierto continente. El tratado de Tordesillas, de 1494, modificó este edicto al extender la jurisdicción de Portugal en el Nuevo Mundo 270 leguas más al oeste, para que abarcase así el territorio que es hoy el Brasil. Durante los tres siglos siguientes, los papas reiteraron esta obligación de cristianizar a los indios a los sucesores de Fernando e Isabel: los Austrias (Carlos V, Felipe II, Felipe III, Felipe IV y Carlos II) y los Borbones (Felipe V, Luis I, Carlos III, Carlos IV y Fernando VII). La dominación de España en Sudamérica terminó en 1825 al independizarse Bolivia, su última colonia en la región.

Para cumplir lo prometido al papado, la corona española envío a Sudamérica sacerdotes, clero secular y miembros de las órdenes religiosas durante el período entero de la ocupación. Además, hizo que los colonos les construyeran iglesias, conventos y parroquias, y que los mantuvieran financieramente. Esto a menudo constituyó una carga económica muy pesada para las colonias, especialmente cuando se trataba de conventos de monjas de clausura, que necesitaban grandes inversiones de terreno, edificios y equipamiento.

Ya a principios del siglo XVI había conciencia de la necesidad de utilizar nuevas técnicas para evangelizar a las poblaciones indígenas de Sudamérica, ninguna de las cuales tenía un idioma escrito. Tanto los misioneros españoles en el terreno como sus superiores en Madrid, Roma, Amberes y otros centros europeos, llegaron a la conclusión de que las imágenes, específicamente las pinturas y los grabados, eran cruciales para la conversión de los indígenas. En busca de imágenes religiosas de gran impacto, España recurrió a Flandes, parte de cuyo territorio dominaba desde 1517. Carlos V tenía un contrato permanente con Cristobal Plantin, un impresor y editor de Amberes que era el más importante de Flandes. Plantin, cuya copiosa producción de libros y láminas grabadas no tenía rival en la Europa del norte, ya había hecho algunos trabajos para la corona española.

Entre el siglo XV y el XVIII, Amberes fue uno de los principales centros europeos de grabado en metal y en madera; durante ese período, se produjeron allí miles de grabados sobre todo tipo de temas. Plantin, que era un astuto negociante, compraba constantemente trabajos de los más selectos grabadores de Amberes y la región circundante, manteniendo bajo contrato a algunos de ellos. Esos grabados podían utilizarse, con posterioridad, para ilustrar libros preparados para las órdenes religiosas. Un buen ejemplo de la colaboración entre las órdenes religiosas y la corona española, que se ocupaba de que estos libros ilustrados fueran cuidadosamente impresos, fue *Evangelica imagines excerptio*, un libro jesuita publicado alrededor de 1595 por Jan Moretus, yerno y sucesor de Plantin. Este libro tiene 153 láminas grabadas por los hermanos Anton, Hieronymus y Jan Wierix, con explicaciones exegéticas del jesuita Jerónimo Nadal. Láminas de este libro aún circulan en Huamanga (Ayacucho) y otras ciudades peruanas. Las láminas religiosas y de otra índole que se siguieron enviando al Nuevo Mundo del siglo XVI al XVIII, y aún después, constituyeron la principal forma de transmisión de las imágenes y estilos artísticos europeos. Esas láminas influyeron notablemente en el desarrollo de las artes en Hispanoamérica, que evolucionaron, en consecuencia, conforme a los estilos imperantes en Europa. De México a la Argentina, el arte en los virreinatos de Nueva España, Perú y La Plata siguió la secuencia europea de Renacimiento, Barroco y Neoclasicismo, a la cual se añadió, en Perú y Bolivia, el Barroco Mestizo.

En el siglo XVI, la mayoría de los pintores en Sudamérica eran de origen europeo. Entre 1530 y 1630, algunos enviaban sus obras al continente desde Flandes, Italia y España; otros, se mudaron a las colonias y empezaron a trabajar allí. Alrededor de 1630, la abundancia de obras, especialmente de pintores españoles, empezó a estimular el desarrollo de las artes visuales en la Audiencia de Charcas, en especial en Chuquisaca y Potosí. Los gustos y las aspiraciones de los habitantes de las prósperas colonias españolas apoyaron el desarrollo de escuelas locales de pintura, que imitaban de manera acusada los modelos europeos. Empezaron a destacarse pintores criollos y algunos indígenas y, hacia la mitad del siglo XVII, la pintura empezó a mostrar la influencia de las culturas indígenas. Esta tendencia se intensificó al final del siglo XVII y en el siglo XVIII, cuando pintores criollos, mestizos e indígenas, que dominaron el período de 1680 a 1800, desarrollaron un estilo auténtico en la zona que se extiende desde el norte del Perú (Cajamarca, Huamanga y Arequipa) y Bolivia (Lago Titicaca, La Paz, Oruro, Potosí y parte de Chuquisaca) hasta el norte de Argentina, donde se sintió la influencia potosina. Este estilo es llamado «mestizo».

El arte renacentista llegó a Potosí en el decenio de 1550, mayormente a través de las pinturas religiosas importadas de España por los conquistadores y sus descendientes. Esas obras reflejaban el gusto español de la época, sobre todo su afición por el arte flamenco. La influencia de los estilos flamencos en el arte español está bien documentada. La principal colección de arte flamenco o de influencia flamenca de esa época, que pertenecía a la propia Reina Isabel, está hoy dispersa entre la Capilla Real de Granada y otras colecciones en España.

En la colección del Museo de la Casa Nacional de Moneda, en Potosí, hay dos pinturas sobre tabla de la *Virgen de la Antigua*, hechas por un pintor español del siglo XVI. (Antes de salir hacia América, los viajeros rezaban su última plegaria ante una imagen de esa virgen en la Catedral de Sevilla). También hay obras de artistas flamencos de esa época en las colecciones de varios museos de lo que fuera la Audiencia de Charcas. Entre otras, se pueden mencionar la *Sagrada Familia*, tabla central de un tríptico atribuido a Pieter de Coeck Van Alest (Museo de la Casa Nacional de Moneda), una *Pietà* de William Key, *La Virgen de la leche*, de un seguidor de Joos Van Cleve, *La Virgen de la Inmaculada Concepción*, de un seguidor de Martin de Vos, y *La Adoración de los Pastores*, de Pieter Aertsen (todas en el Museo Nacional de Arte, La Paz).

El Manierismo italiano está representado por la obra de Bernardo Bitti, hermano lego jesuita oriundo de Camerino, Italia, que fue enviado por su orden al Virreinato de Perú en 1576. Hasta su muerte, en 1610, Bitti vivió en la zona del Lago Titicaca, así como en La Paz, Potosí y La Plata. En Potosí dejó una *Coronación de la Virgen* en el monasterio de las Mónicas. También dejó un discípulo, el pintor potosino Gregorio Gamarra (1585?–1642). Gamarra infundió el estilo manierista que había aprendido de Bitti con su propia originalidad: por ejemplo, figuras con cuellos en «S» y dedos alargados, y un colorido contrastante de tonos cálidos y fríos. En Potosí, Gamarra hizo una serie de pinturas sobre la vida de San Francisco de Asís que aún están en el claustro principal del convento de San Francisco. En La Paz, a donde se trasladó a continuación, Gamarra produjo dos pinturas para el convento de San Francisco de esa ciudad, en ambas de las cuales despliega su singular estilo: alargamiento de brazos y dedos, así como actitudes y poses teatrales en *La Porciúncula*, y dramatismo en *San Francisco en el carro de fuego*.

En *La Adoración de los Reyes*, de 1609, inspirada por un grabado del artista flamenco Rafael Sadeler, se acentúa el manierismo de Gamarra, con la posición forzada en «S» de la cabeza de la Virgen, que se prolonga en la pose del Niño Jesús y en las actitudes de los dos Reyes Magos al costado izquierdo. Las actitudes y colorido de los camellos en la parte superior son también notables. Esta pintura

está actualmente en la colección del Museo Nacional de Arte, en La Paz, junto a *Cristo crucificado con santos franciscanos*, otra pintura de Gamarra.

De La Paz, Gamarra fue a Cuzco, donde pintó una *Inmaculada con dos santos franciscanos* en el convento local de esa orden, y un *Virgen de Guadalupe* en España. Debió regresar a La Paz, pues la obra más tardía de él que se conoce, *Muerte de San José*, firmada en 1642, está en el convento del Carmen de esa ciudad.

El Barroco surgió en Europa alrededor de 1600, sustituyendo a los estilos renacentista y manierista. El nuevo estilo trajo consigo una intensificación de los colores, así como una predilección por el claroscuro para acentuar la apariencia de realidad. Llegó a Hispano-américa, en especial al Virreinato de Perú, hacia 1630, a través de las obras de Francisco de Zurbarán, Bartolomé Esteban Murillo, Bartolomé Bernabé de Ayala y, sobre todo, el hermano jesuita Diego de la Puente.

De la Puente nació en Mechlin, Flandes (su nombre original era Van der Bruggen). Antes de ingresar a la orden jesuita, estudió pintura en Amberes, en el círculo del joven Pedro Paul Rubens. La orden lo envió a Perú para reemplazar a Bitti, que había muerto en 1610. No se sabe exactamente en qué fecha llegó, pero debe haber sido antes de 1620, pues sus actividades en el Nuevo Mundo están documentadas desde esa fecha hasta 1667. De la Puente pasó su larga vida como artista ambulante, viajando de una iglesia jesuita a otra. Dejó una cantidad considerable de cuadros, en su mayoría sobre temas de la vida de Cristo y la Virgen, así como pinturas de ángeles. Su *San Miguel Arcángel*, una pintura que está actualmente en la colección del Museo Nacional de Arte, en La Paz, ejerció gran influencia artística en la pintura potosina de fines del siglo XVII. Otra obra importante es su *Adoración de los Reyes Magos*, en Acora, en las márgenes del Lago Titicaca, donde un inca aparece por primera vez como uno de los Reyes Magos. De la Puente incluso viajó a Santiago de Chile, donde pintó una *Última Cena* que todavía está en la catedral de esa ciudad.

El período de 1620 a 1650 y, en menor medida, el resto del siglo, es notable por la calidad y cantidad de pinturas y de maestros, en su mayoría anónimos. (Aunque se conocen los nombres de algunos pintores, pocas obras pueden atribuírseles con seguridad). Fue en ese período, cuando se estaba pasando del estilo manierista al barroco, que llegaron a Charcas obras de pintores barrocos españoles, sobre todo de Zurbarán y su escuela. En la catedral de Chuquisaca hay un *San Pedro Nolasco* pintado, sin duda, por Zurbarán. Un *San Francisco* y *Santo Domingo*, en la colección del Museo Charcas, Sucre, es de un seguidor.

Uno de esos seguidores fue el pintor español Francisco de Herrera y Velarde, que trabajó en Potosí de 1653 hasta su muerte en 1694. En las colecciones del Museo de la Casa Nacional de Moneda y otras instituciones hay varias de sus pinturas de San Francisco, tanto de cuerpo entero como de medio cuerpo. En la iglesia de San Francisco, Herrera dejó un *San Francisco Solano*, una pintura excelente y de gran aliento, de clara tendencia zurbaranista, en la que se mezclan el claroscuro barroco y el realismo. San Francisco Solano, tema de esta pintura, fue un fraile franciscano que recorrió gran parte del territorio tropical de Bolivia con el objetivo de convertir a los indígenas, a los cuales atraía con la música de su inseparable violín. Muchos grupos indígenas de las regiones tropicales del este y el sur del país se convirtieron al catolicismo debido a su prédica.

Una obra aún más realista de Herrera, con atisbo de tenebrismo, es *La Magdalena despojándose de sus joyas* (lám. 1) en la colección del Museo de la Casa Nacional de Moneda, una copia de la cual está en una colección particular en Lima. Un excelente ejemplo de la estética del tenebrismo es su *Ecce Homo con ángeles*, de 1663, hoy en una colección particular en La Paz (lám. 2), de estilo delicadamente sevillano y composición armoniosa y, para la época, original, con Cristo y dos ángeles. El hecho de que las figuras en este cuadro tengan caras de personas ordinarias es típico del Realismo Barroco.

Uno de los contemporáneos de Herrera fue el pintor español Francisco López de Castro, activo en Potosí de 1670 a 1680. Su *Virgen de la Inmaculada Concepción* (Museo Charcas, Sucre) es obra barroca de finos colores, celestes, amarillos y blancos, cuya composición hace pensar en las interpretaciones del mismo tema hechas por Murillo. También se le atribuye a López de Castro una pintura titulada *Visión de la Cruz* (Museo Nacional de Arte, La Paz). En ella, el niño Jesús y el joven San Juan, rodeados de ángeles, tienen una visión de la cruz en la que Jesús habría de morir crucificado. Ésta es ya una obra plenamente barroca, empapada en tonos amarillos y verdes que crean una compleja atmósfera.

La pintura andina es célebre sobre todo por las imágenes de ángeles creadas en Calamarca. Alrededor de 1680, en ese pueblo situado a unos 45 kilómetros de La Paz, José López de los Ríos pintó dos series de ángeles. Una serie representa a las tres jerarquías tradicionales de ángeles: serafines, querubines y tronos; dominaciones, virtudes y poderes; y principalidades, arcángeles y ángeles. La otra representa a un grupo de ángeles vestidos con uniformes de arcabuceros españoles del propio siglo XVII. Esos ángeles militares de Calamarca, con sus vistosos trajes, armas y ornamentos, poco parecidos a los ángeles europeos, fueron una novedad absoluta y singularmente andina.

Por esta misma fecha se pintó en el presbiterio y la nave de la iglesia de San Martín, en Potosí, una serie de ángeles que vestían atuendos parecidos a los de los ángeles jerárquicos de Calamarca. Los ángeles potosinos sostienen incensarios en las manos y tienen la inscripción que reza *Sanctus*. Quizá haya habido más pinturas de ángeles en esta iglesia: en la sacristía aún se pueden ver un *Ángel de la guarda* y un *San Miguel*, firmados ambos por el pintor Bernardo Embustero. Tanto los famosos ángeles de Calamarca como los menos conocidos, pero similares, ángeles potosinos se cuentan entre las obras pictóricas más originales creadas en Charcas.

El período de 1680 a 1730 lo dominó la señera figura de Melchor Pérez Holguín, el pintor potosino más importante y el principal artista de Charcas en el período virreinal. Pérez Holguín nació en Cochabamba entre 1660 y 1665 y en 1676 ya estaba en Potosí. En 1695 se casó con Micaela del Castillo, con la cual tuvo tres hijos. Su obra es importante no sólo para Bolivia, sino para el resto del continente sudamericano. Este pintor mestizo que emuló el estilo Barroco español dejó una obra imbuida de una visión singularmente personal de la insignificancia del hombre ante la naturaleza. Su visión sobrecogedora de la figura humana empequeñecida por el paisaje es producto de lo que lo rodeaba: la extensión aparentemente infinita del Altiplano y las cimas colosales de los Andes bolivianos, algunos a 6.500 metros sobre el nivel del mar y cubiertos de nieves eternas.

La obra de Pérez Holguín se puede dividir en tres períodos. En el primero (1687–1706), pintó principalmente santos franciscanos con un colorido gris plata que bañaba todo el lienzo. En su segundo período (1706–1710), pintó grandes composiciones. En el último (1710–1732), abandonó el tenebrismo en favor de un rico y vibrante colorido. No se sabe la fecha de su muerte.

Las obras del primer período son las más conocidas e imitadas. Entre ellas se cuentan su *Fundador de la Orden*, de 1794 (Museo de la Casa Nacional de Moneda), *San Francisco de Asís*, *San Juan de Dios* (lám. 3), *San Antonio de Padua*, varias versiones de cuerpo entero y de medio cuerpo de *San Pedro Alcántara* (lám. 4) y obras menores tales como *San Francisco de Paula*. Ninguno de los muchos imitadores de Pérez Holguín logró igualar su magistral gama gris plateada.

Tres cuadros de grandes dimensiones inauguraron el segundo período: *Alegoría del triunfo de la Iglesia Católica* (1706), *El Juicio Final* (1708) y una serie sobre la vida de San Pedro Nolasco (alrededor de 1710). En *Alegoría del triunfo de la Iglesia Católica*, la barca de San Pedro navega serenamente en un mar turbulento, mientras los enemigos del catolicismo se ahogan. Pérez Holguín se pintó a sí mismo en el centro de *El Juicio Final* como el hombre que medita sobre el destino final de la humanidad; lo rodean muchas otras figuras que aguardan el juicio divino, por el que los bienaventurados serán enviados al cielo y los condenados al infierno. Sus escenas sobre la vida de San Pedro Nolasco, el fundador de la orden mercedaria, se desarrollan en una serie de ocho pinturas en la iglesia de la Merced, en Sucre. Las pinturas cuelgan a un lado del crucero, en torno a las ventanas principales, cuatro en cada luneta. Enfrente tienen otra serie de ocho pinturas de Pérez Holguín con escenas de la vida de Cristo. En otra parte de la misma iglesia hay cuatro cuadros más de Pérez Holguín con escenas de la vida del fundador de la orden. También de este período es *La entrada en Potosí del Virrey Arzobispo Morcillo de Auñon*, una pintura de 1716 con tres escenas detalladas de la vida cortesana en Potosí (Museo de América, Madrid).

Pérez Holguín dedicó los últimos años de su segundo período a varias series de pinturas de evangelistas. Sólo dos de las cuatro series principales han sobrevivido completas. Hay una serie completa de evangelistas de media figura en la colección del Museo Nacional de la Casa de Moneda, en Potosí. Hay también una serie de evangelistas con fondo de paisaje en este mismo museo y otra en el Museo Nacional de Arte, en la Paz. La primera está firmada por el artista.

Colorido suntuoso, composiciones de gran interés y un cierto candor caracterizan las pinturas del último período. Las que representan la infancia de Jesús en una serie sobre la vida de Cristo son obras maestras. Entre ellas se cuentan *Descanso en la huida a Egipto* o *La Virgen lavandera* (Museo Nacional de Arte, La Paz; lám. 5), *Huida a Egipto* (versiones en museos de Santiago de Chile y Buenos Aires, así como en una colección privada; lám. 6) y *Piedad* (colección privada; lám. 8).

Los seguidores de Pérez Holguín trabajaron en Potosí durante todo el siglo XVIII. El más importante fue Gaspar Miguel de Berrío (1706–1762), un pintor brillante. Sus cuadros en la iglesia de Belén, hoy desaparecidos, y obras como *La adoración de los pastores* en un convento benedictino en Río de Janeiro, así como *La coronación de la Virgen con santos* (lám. 14) y el díptico compuesto por *La adoración de los pastores* y *La adoración de los Reyes* en la colección del Museo Nacional de Arte, en La Paz, constituyen la culminación de la pintura boliviana del siglo XVIII. Las vestiduras, coronas y halos de los santos en esas pinturas estaban adornadas con figuras geométricas doradas, según una moda popular en esa época en las zonas de Cuzco, el Lago Titicaca, La Paz, Oruro, Potosí y Chuquisaca, conocida como *brocateado*. Esta técnica de doradura con textura sobre la superficie del cuadro la ejecutaban artesanos *doradores* una vez que el pintor concluía su obra, o varios años después, por voluntad de los propietarios de la obra. Otras obras importantes de Berrío son *El patrocinio de San José*, en las colecciones del Museo Charcas, en Sucre, el Museo de Bellas Artes, en Santiago de Chile y el Museo de la Casa Nacional de Moneda, en Potosí (lám. 12), así como una *Virgen de la Inmaculada Concepción* sobre lámina de cobre, en el Museo Charcas. También son obras importantes *La divina pastora* (lám. 13) y *San Nicolás de Bari*, con diez escenas anecdóticas de la vida del santo, ambas en la colección del Museo de la Casa Nacional de Moneda. (Conforme a una tradición iniciada alrededor de 1560, a todos los varones nacidos en Potosí se les daba el primer nombre de Nicolás; de ahí la gran devoción al obispo de Bari.)

Un imitador más estricto de Pérez Holguín fue Joaquín Caraballo, que trabajó a fines del siglo XVIII. Sus cuadros sobre el tema de la Sagrada Familia, con las figuras principales rodeadas de santos, están pintados en el estilo de Pérez Holguín. En *La Virgen con santos* de Caraballo, la firma del pintor y una fecha se hallan sobre las vestiduras de San Roque. Otro seguidor de Pérez Holguín fue Nicolás de los Ecoz, que probablemente nació en Potosí. Su estilo se apega tanto al del maestro que sólo un análisis cuidadoso de su firma puede diferenciar las obras de ambos

artistas. Esto es obvio en su serie de pinturas de doctores de la Iglesia que es parte de la colección del Museo de la Catedral, en Sucre. Su *Crucifixión* y su *Virgen del Rosario*, en el Museo de la Casa Nacional de Moneda y el Museo Charcas, respectivamente, son muy parecidas a pinturas de Pérez Holguín. Otros cuadros de Nicolás de los Ecoz son *San Pedro* (Museo Nacional, Santiago de Chile) y *San Cristóbal* y *San Francisco de Paula* (ambos en el Museo Nacional de Arte, La Paz).

Manuel Ignacio de Córdoba, un pintor, escultor y dorador de fines del siglo XVIII , pintó un *San Juan de Dios* en el Hospital Bracamonte de Potosí y un *San Francisco de Paula*, hoy en la colección del Museo Nacional de Arte, en La Paz (lám. 18). Ambas pinturas están profusamente decoradas con *brocateado*. La obra de Córdoba es la apoteósis tanto del estilo de Pérez Holguín como del *brocateado* en general en Potosí.

Pérez Holguín influyó incluso a algunos pintores del siglo XIX como Juan de la Cruz Tapia, que trabajó en Potosí de 1852 a 1891. Cien años después de la obra del maestro, Tapia retocó e imitó algunas de sus pinturas, como su *San Juan de Dios* (lám. 3), así como su serie de doctores de la Iglesia en la iglesia de San Francisco y su serie de santos en la iglesia de La Merced, ambas en Potosí.

Luis Niño, un contemporáneo de Berrío, fue también un pintor importantísimo, que gozó de gran fama en su época. Sólo dos pinturas firmadas por Niño perviven: *La Virgen de Sabaya*, pintada originalmente para la iglesia de San Roque de Ttio, en Potosí, hoy en la colección del Museo de la Casa Nacional de Moneda, y otra versión del mismo tema en el convento franciscano de La Recoleta, en Sucre (lám. 10). Entre las obras que se le atribuyen a Niño están *La Virgen del Rosario* (Museo de la Casa Nacional de Moneda; lám. 11), *Nuestra Señora de la Victoria de Málaga* (Museo de Arte de Denver) y *La Virgen de la Fuencisla* (Museo Nacional de Arte, La Paz; lám. 9).

A fines del siglo XVIII, la afición a las formas del barroco ya se estaba agotando en Potosí y en el resto del Virreinato de Perú. A la vez, cuadros de pintores neoclásicos empezaron a llegar a Lima y al resto de la región, provenientes de España: Carlos III y su hijo Carlos IV, habían importado a la corte de Madrid la nueva moda, trayendo artistas de Italia y Francia.

El Neoclasicismo apareció en la pintura potosina hacia 1789, al mismo tiempo que lo hizo en la ciudad de La Plata. Su principal exponente fue Manuel de Oquendo, autor de un *Éxtasis de Santa Teresa* en el convento potosino de Santa Teresa en la década de 1790. En esta obra firmada, los paños volantes característicos del estilo barroco han desaparecido de las ropas de la Santa y de los ángeles, y se han aclarado los colores de las vestiduras de los ángeles. El rastro de obras que dejó Oquendo indica que debe haber viajado extensamente por las misiones que los jesuitas fundaron en Moxos y que administraron hasta su expulsión en 1767. Manuel de Oquendo, un seguidor de tendencias nuevas en su tiempo, fue también el heraldo de la pintura académica del siglo XIX.

Un mundo de madera en el Cerro de la Plata: La escultura y arquitectura en madera en Potosí

Pedro Querejazu

La escultura, en la medida en que es una expresión artística tri-dimensional, se ha prestado siempre a una mayor asimilación de lo representado. Esto es especialmente cierto en la escultura policromada, que se aproxima más al realismo naturalista favoreciendo la devoción y religiosidad. El estilo dramáticamente naturalista en la estatuaria religiosa dominó el período colonial en la Audiencia de Charcas. En el panorama del arte colonial, la escultura de madera policromada fue uno de los medios más estimados. Escultores de varias etnias viajaron por toda la Audiencia produciendo importantes obras para iglesias; tanto los estilos como las técnicas que desarrollaron apuntan a la fusión sincrética de las tradiciones religiosas europeas y andinas.

LA PROFESIÓN DE ESCULTOR DURANTE EL PERÍODO COLONIAL

Al parecer, los artistas en el Virreinato de Perú y la Audiencia de Charcas gozaron de prestigio y consideración social durante la época colonial, aunque su situación constantemente evolucionó. Extremadamente móviles, especialmente durante el siglo XVI y la primera mitad del XVII, los artistas eran europeos, criollos, mestizo e indios. Si bien algunos se asentaron en importantes centros de producción artística como Cuzco y Potosí, otros se desplazaban de un extremo al otro del Virreinato trayendo y llevando consigo tanto estilos como formas de trabajo.

Para 1550, las órdenes religiosas edificaban templos, capillas y conventos tanto en parroquias de españoles como de indios, lo que supuso el desplazamiento de artistas de un lugar a otro en pos de contratos. El pintor italiano Bernardo Bitti, por ejemplo, viajó por todo el Virreinato, mientras que escultores españoles como Diego Ortiz y los hermanos Hernández-Galván trabajaron en Lima, Cuzco, Potosí y La Plata; artistas indios como Francisco Tito Yupanqui también viajaron entre éstas y otras ciudades. En la primera mitad del siglo XVII la peregrinación artística comprendió mayormente el eje principal Cuzco-Potosí.

Los artistas viajaron también a la Audiencia de Charcas de tierras más distantes. De Italia llegaron Bitti, Benito Genovés, José Pastorelo y Angelino Medoro; de Flandes Viren Nury, Diego de la Puente y Adalberto Maarterrr; y de lo que hoy es Suiza, Martín Schmid. Entre los españoles, hubo castellanos como al parecer lo fueron, Francisco Herrera y Velarde, López de Castro y los hermanos Hernández-Galván; sevillanos como Martín de Oviedo, Gaspar de la Cueva y Juan Martínez Montañes; y jerezanos como Luis de Espíndola. Oviedo viajó de México a Lima, y de allí a Potosí y La Plata; asimismo de la Cueva, Espíndola y Fabián Gerónimo Alcócer dejaron Lima para trabajar en Potosí.

Otros maestros nacieron dentro del Virreinato y viajaron a lo largo y ancho del territorio. Es el caso de Juan Giménez de Villareal que llegó de Cuzco; los indios Tito Yupanqui y Julián y Sebastián Acosta Túpac Inca, oriundos de Copacabana; Leonardo Flores de la región de La Paz; Melchor Pérez Holguín de la región de Cochabamaba; el criollo Miguel del Berrio del pueblo de Puna, cerca de Potosí; y el indio Luis Niño de Potosí. Cabe destacar que los artistas indígenas pertenecían a la nobleza, hecho demostrado por la admisión de su pureza de sangre y el consecuente reconocimiento de ellos por parte de la corona española como parte de la hidalguía. Son ejemplos: Diego Quispe Tito, Tito Yupanqui y Acosta Túpac Inca.

El trabajo artístico lo realizaron indios, mestizos, criollos y europeos en conjunto cuando era necesario, como en el caso de Ortiz, maestro de Tito Yupanqui, quien a su vez trabajó con el dorador Vargas, español de origen. De manera semejante, el cuzqueño Giménez de Villareal, fue contratado para trabajar en la sillería de la iglesia de San Francisco de La Plata, con indios carpinteros como sus colaboradores. Desde mediados del siglo XVII fueron deasapareciendo los grandes maestros itinerantes, y tanto la pintura como la escultura fueron pasando a manos de artistas indios y mestizos que, en su mayoría, trabajaron en talleres fijos en las principales ciudades. Desde allí atendían a las regiones circundantes, exportando también obras a lugares más remotos.

Desde muy temprano algunos centros en el Virreinato se constituyeron en productores y exportadores de pinturas, esculturas e incluso instrumentos musicales. Estos incluían a Copacabana, que contaba con talleres indígenas de producción de imágenes y retablos, y Cuzco, ciudad que durante el siglo XVIII exportó obras a todo el Virreinato de Perú y el norte del Virreinato de La Plata. A su vez, la región del Collao y en especial el Lago Titicaca fue en determinado momento centro de gran producción artística de pintura y escultura. Durante la segunda mitad del siglo XVII, pinturas de triunfos, madonas triangulares y arcángeles arcabuceros producidos en la Audiencia de Charcas fueron exportados a Chile y al norte de Argentina. Durante el siglo XVIII, Potosí fue un centro exportador de obras de Pérez Holguín, Niño y Miguel de Berrío a sitios como el norte argentino, Santiago de Chile y Lima.

Mientras que al parecer los pintores gozaron de cierto prestigio durante todo el período colonial, la situación de los escultores constantemente evolucionó. Considerados como verdaderos maestros del arte, los escultores fueron ampliamente respetados, portando los títulos de *alférez*, *maestro de campo*, *capitán*, etc. Durante el siglo XVII, escultores como de la Cueva y Espíndola tuvieron prestigio social. Sin embargo, a fines del siglo XVII y durante el siglo XVIII, la gran mayoría de escultores eran indígenas, con lo que su prestigio social disminuyó hasta que paulatinamente se convirtieron en anónimos artesanos.

El prestigio de la profesión de escultor y pintor se debía en buena medida a los gremios. Los gremios europeos, entidades que regulaban la práctica de un arte en particular, fueron trasladados a América durante el período virreinal. En el Virreinato de Perú los artistas estaban sujetos a las mismas leyes y reglamentos que en España. Se cree que los pintores estuvieron asociados en el Gremio de San Lucas, mientras que los escultores, junto con otros artífices de madera, pertenecieron al de San José. Los contratos de obra y de trabajo demuestran la existencia de *maestros*, que podían ser pintores, escultores, ensambladores y arquitectos. El *veedor* era un perito nombrado por el gremio para servir de tasador de obras de la especialidad. En ocasiones este oficio era desempeñado por el *maestro mayor* del gremio. Alguna vez aparece el nombre de *oficial*, señalando al artista aprendiz que aún no había obtenido la *maestría*. Se conocen pocos casos documentados de aprendices.

De acuerdo con la tradición medieval de los gremios, el aprendizaje de los artistas se hacía, según atestiguan numerosos documentos existentes en los archivos bolivianos, de la siguiente manera. Un aprendiz hacía contrato con un maestro y trabajaba con él por un lapso de por lo menos un año, realizando desde las labores más nimias como limpiar el taller, pasando por preparar mezclas y colores, hasta las más complejas, como ayudar en el dibujo y pintado de fondos, policromado, etc. Lo más frecuente era que, después del aprendizaje inicial, el alumno se quedara trabajando con el maestro como parte de su taller durante algún tiempo, antes de abrir un taller independiente.

La documentación escrita indica que habían varias especialidades dentro de la profesión. Aquellos que trabajaban en el diseño, construcción y otras actividades afines eran conocidos como *arquitectos*. El hombre estudiado, hábil en cálculo, diseño y construcción, también especialista en trazado de techumbres y artesonados, y conocedor de las normas y reglas de la carpintería de lo blanco, era conocido como *geométrico*. Aquellos habilitados para construir retablos y otras estructuras de madera se denominaban *arquitectos carpinteros*, *ensambladores o entalladores*. *Maestro escultor, imaginero* o *santero* eran los términos aplicados a los creadores de imágenes religiosas en todas sus variantes, trabajo que era complementado por el *dorador*, especialista en dorar con pan de oro batido retablos, marcos, muebles, etc., inlcuyendo la variante de *estofado*, aplicado a las imágenes. *Pintor de imágenes* es el término que se aplicó al pintor que tenía también práctica para dar policromía a las imágenes, es decir, en aplicar tanto el *encarne* como el estofe. Desde épocas muy tempranas era fecuente que se hiciera el trabajo completo de la obra en los talleres; esto incluía la elaboración de la imagen y su policromía, dorando y pintando las piezas y dejándolas listas para la entrega al cliente así como para su colocación en el lugar de destino.

No es muy frecuente que las obras del arte virreinal de la Audiencia porten firmas. No obstante, es más usual encontrar firmas en las pinturas, que suelen estar en el anverso, en las esquinas inferiores o en el reverso de las obras. En el caso de series, se encuentra la firma en una o dos de las piezas, pero muy raramente en todas. Las escasas firmas en piezas de escultura se encuentran en las peanas, sobre todo en los siglos XVI y XVII. Pueden estar esgarfiadas o pintadas como en la *Virgen de Copacabana* de Acosta Túpac Inca en Cuzco, *El Cristo de* Diego Quispe Curo en la iglesia de la Recoleta en Sucre, y el *San Bartolomé* de de la Cueva en Sica-Sica. Se ha encontrado alguna firma manuscrita en un papel en el interior de la imagen, como en el *Ecce Homo* de de la Cueva en San Francisco en Potosí.

TÉCNICA DE LA ESCULTURA EN LA AUDIENCIA DE CHARCAS

Si bien durante el período colonial podían realizarse esculturas de piedra, alabastro, marfil, barro cocido o cera, la escultura prolicomada normalmente era ejecutada en madera. Los artistas usaron como soporte las maderas disponibles en el medio, y con fecuencia maderas importadas desde grandes distancias. La madera más usada y apreciada fue el cedro americano *(cedrela odorata)* en todas sus variedades; por su gran calidad, esta clase de madera que era característica de los bosques tropicales y templados americanos, ofrecía las mejores condiciones para la talla. Se traía desde Nicaragua, hasta que en el siglo XVIII se estableció el acceso a los bosques tropicales amazónicos de la Audiencia de Charcas. Se usaron también otras maderas como: aliso, mara, pino y caoba.

La imagen podía tallarse a partir de un solo tronco o haciendo un esamblaje de tablas gruesas pegadas con cola fuerte, dejando a veces el interior hueco, tanto por el ahorro de madera como para evitar el peso excesivo. La madera era tallada con gubias de hierro y otros instrumentos hasta obtener la imagen deasada. Era corriente, por lo menos en imágenes que llevaban vestidura, que las manos fueran talladas separadamente. También era corriente que partes frágiles como la nariz y dedos, se tallaran de piezas cortadas y coladas, de modo que en caso de que se rompieran lo hicieran por la parte colada y con bordes limpios, permitiendo una reparación fácil. Una vez tallada la pieza estaba lista para la policromía; piezas para sillería de coros, como el de San Francisco de Sucre, se dejaban en blanco, es decir, sin policromar.

En las regiones andinas, se usó con mucha frecuencia el tallo de la flor del maguey, tipo de ágave natural del continente americano. Este tallo, una vez cortado y seco, tiene una corteza muy dura y el corazón blando y liviano. Dada estas características, fue muy usado desde épocas prehispánicas en la construcción de sistemas de cubierta, uso que fue asimilado por los españoles y que todavía se practica. De las hojas o pencas del maguey los indios también obtenían fibras textiles para cuerdas y esterillas, que se conocían como *cáñamo de la tierra*.

Como el maguey es delgado, más aún descortezado, los escultores unían varias piezas juntas, amarradas con cuerdas y fijadas con cola fuerte y espinas hechas del propio maguey, para así lograr el bulto de la imágen, que proseguían a tallar. Los relieves se hacían sobre un tablero de madera en la cual se pegaban las piezas de maguey y se tallaban. Sobre este bulto se solía aplicar pasta de aserrín y cola fuerte. Sobre esta pasta, en ocasiones, se aplicaba una delgada tela encolada para reforzar dedos y otras partes frágiles de la imagen. Otra variante técnica, que se generalizó a partir de la segunda mitad del siglo XVII, es la de la pasta hecha con harina, yeso mate y cola fuerte, resultando en una pasta moldeable, de secado rápido, rígida, inerte y liviana, con la que se moldeaba la figura, caras, manos, dedos, etc. Finalmente, la estatua era colocada sobre una peana de madera de cedro o aliso y fijada desde abajo con espigas, también de madera, y cola.

Los ropajes se hacían a menudo de tela encolada. Se usaron para tal efecto restos de telas ya deshechados—con frecuencia restos de *uncus* (túnicas de lana o algodón) de los indios. Estas telas eran sumergidas en una preparación de cola fuerte y yeso mate y, una vez remojadas, se fijaban al cuerpo de la figura con puntas o espinas de madera, se modelaba la vestidura y se dejaba secar. A veces había que dejar la tela en remojo tan sólo de cola fuerte, y una vez modelada y seca se aplicaban las capas de tiza y cola para darle fuerza y prepararlas para la policromía. Este procedimiento permitía elaborar con gran rapidez imágenes livianas, de costo reducido, y por lo demás muy reistentes. Los artistas establecieron combinaciones y variantes de esta técnica. En ocasiones cubrieron tallas esquemáticas con tela encolada para obtener mayor naturalidad

en los plegados y mayor rapidez de ejecución. También usaron cabezas y manos de talla sobre bultos de maguey o sobre candeleros. Se hicieron asimismo imágenes enteramente de tela encolada, huecas por dentro.

Una vez realizada la parte escultórica de las piezas se prolicromaban. Este proceso podía ser realizado por los pintores de imágenes o efectuarse dentro del mismo taller de escultura. En primera instancia se aplicaba sobre la imagen una delgada capa de tiza y cola, que a veces incorporaba albayalde, cubriendo así la madera o la pasta. Tras pulirla, en las partes a dorar se aplicaban varias capas de bol con coleta. Una vez seco el bol era bruñido con cepillos de cerda corta y luego se aplicaba el pan de oro, siendo posible aplicarlo de dos maneras: la primera, mojando con coleta muy suave sobre el bol en el lugar de la aplicación del pan de oro; la segunda, mojando simplemente con agua con lo que igualmente quedaba adherido el pan de oro. Una vez seco se bruñía la superficie del oro con piedras de ágata hasta darle la apariencia brillante de metal macizo. Seguidamente se aplicaba el estofe o policromía, esto es, la aplicación de colores al temple u óleo magro sobre el oro hasta cubrirlo totalmente. Ahí se podían aplicar a pincel todos los detalles de la ornamentación. Luego el dorador esgrafiaba toda la policromía con una punta de madera o hueso, dejando visible el oro en los lugares raspados, elaborando siluetas, figuras, plantillas, etc., lo que le confería a la pieza gran luminosidad y riqueza de apariencia. Durante el siglo XVIII este proceso también se realizó con frecuencia en plata. Sin embargo, como la plata tiende a oxidarse y a adquirir una pátina negra, raras veces se aplicaba el estofe por esgrafiado; más bien se aplicaban lacas transparentes de color rojo, verde o azul en un proceso que se conoce como *chineado*.

La *encarnadura* o encarne se aplicaba sobre las partes visibles del cuerpo, como caras, manos, pies, y en el caso de crucifixiones, en el cuerpo entero. Se aplicaban una o dos manos de color al óleo directamente sobre la preparación blanca, dependiendo de la obra. Una vez aplicado y antes de que secara, se bruñía con vejiga de vaca remojada, con lo cual la encarnadura adquiría apariencia brillante. Para sangre, en las imágenes de Cristo o de santos mártires se aplicaban luego veladuras o pinturas, usando fundamentalmente la *sangre de drago*, que, además de ser color semitransparente, por la aplicación reiterada adquiría relieve.

Durante el siglo XVIII fue común el uso de numerosos recursos para añadir realismo a las imágenes. Las caras se hacían de mascarilla aplicándoles por el reverso ojos de vidrio y paladares de espejo. Los ojos se hacían de vidrio muy delgado dándoles la forma de globo con calor y presión sobre moldes de arcilla. Se pintaban por el interior de modo que, visto desde fuera, el vidrio brillase a semejanza del ojo humano. Asimismo era frecuente colocar pequeños dientes de mica, y en algunos casos dientes naturales según el tamaño de la pieza. Las pelucas y pestañas se elaboraban de pelo natural. Ocasionalmente se les colocaba a las manos de las imágenes uñas hechas de cuerno adelgazado. Las sogas, las coronas de espinas, los ropajes de vestir, al igual que las pelucas, eran reales; se empleaban linos y encajes para los paños de pudor y enaguas así como sedas, rasos y terciopelos para túnicas, capas y mantos. Sobre esto podían añadirse soportes metálicos de hierro para las coronas y aureolas. Se hacían de plata las aureolas, coronas, flores y cantoneras, así como otros accesorios que exigiera la iconografía de la pieza.

Las esculturas podían ser básicamene de tres tipos: primero, imágenes de bulto entero, de talla o modelado, íntegramente policromadas, según se ha descrito; segundo, estatuas para vestir con el cuerpo resuelto esquemáticamente en madera o maguey y tela colada, con caras y manos talladas o modeladas y policromadas; y tercero, imágenes también para vestir para las cuales el escultor hacía tan sólo caras y manos que montaba sobre un maniquí o armazón, llamadas de *bastidor* o *candelero*.

DESARROLLO DE LA ESCULTURA COLONIAL EN LA AUDIENCIA DE CHARCAS

Durante el período colonial en los Andes, a la tradición española de escultura policromada, se sumó la tradición prehispánica de la escultura en cerámica y piedra. Se pueden distinguir tres períodos en la historia de la escultura de la Audiencia de Charcas, particularmente en Potosí: Renacimiento y Manierismo (1550–1630), Barroco o Realismo (1630–1680), y Barroco Mestizo (1680–1790). Con el Neoclasicismo (1790–1830) la teatralidad de la escultura policromada pasó de moda, y de ser una manifestación de las bellas artes, se convirtió en una expresión popular artesanal.

Aunque en un primer momento la escultura boliviana virreinal denotó la influencia formal del Renacimiento y Manierismo italianos, eventualmente fue la influencia española la que se haría más de notar. La importación de piezas talladas y policromadas españolas a lo largo de todo el período virreinal ejerció una fuerte influencia en los artistas de la región. Entre los trabajos que denotan esta influencia se cuentan: la *Virgen de la Paz* (1550) en la catedral de La Paz, de autor anónimo; la *Virgen del Rosario* en la iglesia de Santo Domingo en Potosí; la *Inmaculda Concepción* de Martínez Montañés en la catedral de Oruro; y otras obras que sirvieron como modelos, especialmente a los escultores indígenas.

La etapa del Renacimiento y Manierismo en la Audiencia estuvo caracterizada por la presencia de artistas españoles como los hermanos Herández-Galván, que crearon el retablo mayor de La Merced en La Plata en 1582, y Ortiz, que creó la *Crucifixión* en la iglesia de la Recoleta en Cochabamba en 1580; Ortiz más adelante trabajó en Potosí. Durante este período también participaron artistas italianos. Bitti creó los retablos de la iglesia de Asunción en 1584 en el pueblo de Juli en el Lago Titicaca y la *Virgen de la Inmaculada Concepción* en el pueblo de Challapampa, cerca de Juli. Además, Medoro produjo el *Cristo*, fechado en 1600,

para la iglesia de Yotala, Chuquisaca, cerca de Sucre. Las características estilísticas de este período son las figuras largas y elegantes, con el cuerpo dispuesto en «S», y típicamente afrontadas. Ejemplo importante de este estilo es la *Santa Bárbara* de autor anónimo, procedente del Santuario de Manquiri y que hoy se encuentra en el Museo de la Casa Nacional de Moneda en Potosí (lám. 25).

Entre los escultores indígenas importantes de este período figuran Tito Yupanqui y Acosta Túpac Inca, ambos activos en Copacabana entre 1582 y 1655. Tito Yupanqui estudió escultura en Potosí con Ortíz; tras haber concluido su aprendizaje realizó la *Virgen de Copacabana* en 1582, tomando como modelo la imagen española de la *Virgen del Rosario* de la iglesia de Santo Domingo en Potosí. Esta famosa estatua de la Virgen de Copacabana es en realidad la Virgen de la Candelaria que cambió de nombre al ser entronizada en la iglesia del pueblo de Copacabana en el Lago Titicaca. Dada la inmediata devoción que generó la imagen en Copacabana, Tito Yupanqui realizó muchas copias para otros lugares, incluyendo Cocharcas en Perú, Cochabamba y Pucarini en Bolivia, Río de Janerio en Brasil (de donde viene el nombre de bahía de Copacabana), y Sevilla en España. Acosta Túpac Inca, por su parte, discípulo de Tito Yupanqui, creó el primer retablo mayor de la iglesia de Copacabana en el Lago Titicaca (hoy en una de las capillas) en 1618. Siguiendo el modelo de su maestro, Acosta Túpac Inca también creó varias imágenes de la Virgen, incluyendo su propia *Virgen de Copacabana*, firmada y fechada en 1642, para la iglesia de San Agustín en Cuzco (hoy en la capilla de Jesús, María y José), y otra que se encuentra en el convento de Santa Teresa en la misma ciudad. Las imágenes de este período realizadas por artistas indígenas son un tanto tiesas y afrontadas, en contraposición con la mayor elegancia y ritmo de las hechas por europeos (lám. 31).

La escultura del Barroco en la Audiencia de Charcas puede dividirse en dos formas de expresión: un barroco mesurado derivado de la escuela sevillana, que se caracterizó por un mayor énfasis del realismo naturalista, y una foma más dinámica que culminó en el hiperrealismo esteticista del Barroco Mestizo. El principal centro escultórico del Barroco fue, sin duda, Potosí, seguido de cerca por la ciudad de La Plata.

El Realismo fue protagonizado por discípulos y seguidores de Martínez Montañés. El estilo está caracterizado por figuras que, sin dejar de ser bellas, son verosímiles y realistas. Muchas de ellas son para ver en redondo y algunas incorporan elementos como ojos de vidrio. El más destacado protagonista de esta tendencia es el escultor Gaspar de la Cueva, nacido en Sevilla en 1589. Seguidor del estilo de Martínez Montañés, trabajó primero en Lima y después en Potosí donde permaneció desde 1632 hasta su muerte, acaecida hacia 1650. El mismo ejecutaba las tallas, las doraba y policromaba. En 1632 firmó un *Ecce Homo* en el convento de San Francisco en Potosí, obra que posteriormente serviría como base para identificar toda su obra, con el apoyo adicional de contratos y otros documentos. Este artista realizó un buen número de obras de gran calidad, incluyendo el *San Bartolomé* firmado, en Sica-Sica en el departamento de La Paz, y una *Trinidad* o *Coronación de la Virgen* de la que sólo queda el *Padre Eterno* del retablo mayor de San Agustín. De ese mismo retablo se conservan relieves de *Santa Apolonia Mártir* (lám. 28), *Santa Magdalena* (lám. 27) y *Santa Teresa* en el convento de San Francisco en Potosí. En la iglesia de San Lorenzo se guardan dos magníficas obras: la *Crucifixión* y el *Cristo atado a la columna*. En la sacristía de la Catedral se conserva otra magnífica obra del *Cristo atado a la columna*. Al parecer, su última obra fue el *Cristo de Burgos* de San Agustín, creada hacia 1650.

Imitadores y seguidores del arte de de la Cueva fueron el Maestro de San Roque y el Maestro de Santa Mónica, llamados así por obras que dejaron en los respectivos templos potosinos. Otro escultor de esta tendencia fue el jerezano Luis de Espíndola, que también estuvo en Lima y trabajó en La Plata y Potosí entre 1638 y 1646. Creó los relieves del retablo de *San Antonio de Padua* del convento de San Francisco en Potosí, así como un *San Juan Bautista* y un *San Juan Evangelista* hoy en el Museo Charcas en Sucre. Luis Peralta fue otro escultor del grupo; firmó el *Cristo* del Asilo de Ancianos, antes capilla de San Roque en Potosí. De estilo vinculado con la escuela granadina son dos imágenes de *Cristo recogiendo sus vestiduras*, una en San Miguel en Sucre y otra en el Museo Nacional de Arte de La Paz. El *San Francisco de Asís* que se conserva en la catedral de Sucre, así como el *San Juan Bautista* de la iglesia de San Miguel, también en Sucre, denotan una influencia castellana.

De la primera mitad del siglo XVIII se encuentra un notable grupo de esculturas vinculadas con el estilo pictórico de Melchor Pérez Holguín. Coincide que todas ellas representan imágenes de santos franciscanos o carmelitas, pero su peculiaridad y originalidad radica en que sus rostros y manos se asemejan a las figuras pintadas por Pérez Holguín. No se sabe aún si estas imágenes fueron realizadas por Pérez Holguín, pero hay que notar que no era inusual que artistas que crearan pinturas realizaran también esculturas. Ejemplos de estas obras son el *San Pedro de Alcántara* del convento de Santa Teresa en Potosí, un *Santo franciscano* del convento de San Antonio de Padua también en Potosí, y el *San Francisco Solano* en la iglesia de San Francisco en Sucre (lám. 33).

Tras la desaparición de los maestros españoles, el arte de la escultura quedó enteramente en manos de artistas indígenas y mestizos, en su mayoría anónimos. Estos artistas, aunque pudiera parecer paradójico, comenzaron a transformar los principios estéticos del Manierismo hasta lograr una estética barroca; el resultado fue el arte exhuberante e hiperrealista del Barroco Mestizo. Las características del Mestizo Barroco son: figuras de vestir, muchas de ellas procesionales, con mucho realismo en el tratamiento, ojos de vidrio, pelucas, paladares visibles y ropajes normalmente trabajados con encajes y telas bordadas. Ejemplos de esto es el *Cristo atado a la columna*, firmado en 1657 por el indio

Diego Quispe Curo, que está en la Recoleta en La Plata. De ese mismo tipo es la *Crucifixión* en el antiguo convento de El Carmen en La Paz. Son características las imágenes de vestir de este período como las de San Pedro y Santiago que existen en la mayor parte de las iglesias parroquiales de La Plata y Potosí.

Es necesario mencionar a escultores importantes como Luis Niño, que creó la escultura de la *Virgen de la Candelaria*, del retablo mayor de la iglesia del pueblo de Sabaya, ubicado al pie del volcán Sabaya, en el departamento de Oruro. También creó las afamadas pinturas de la *Virgen de Sabaya* en el convento franciscano de la Recoleta en Sucre (lám. 10) y en el Museo de la Casa Nacional de Moneda en Potosí. Niño también fue un destacado orfebre; creó y firmó la custodia mayor de la Catedreal de La Plata. Otros notables escultores incluyen a Manuel Ignacio Córdoba, más conocido como pintor, Lázaro Coro, indio mencionado en contratos y otros documentos, cuya obra todavía no se ha identificado. Ejemplo de la escultura hecha en los talleres indígenas es la *Virgen Sedente* en una colección particular en La Paz (lám. 34). La influencia de la escultura potosina llegó también a las tierras bajas, a las misiones de Chiquitos, como demuestra el *Cristo yacente* de San Ignacio en Chiquitos (hoy Velasco).

Una expresión del Barroco, que ya quedó muy vinculada con la artesanía, fue la escultura en miniatura, ya sea de piezas aisladas, o de grupos o escenas, como los belenes o nacimientos. Estas esculturas eran exhibidas en cajas que podían abrirse en Navidad y luego guardarse hasta el año siguiente. Un pequeño relieve de la *Virgen Dolorosa* en una colección particular en Sucre, contiene una minatura menor aún, una escena de la Flagelación de Cristo.

La transición del Barroco Mestizo al Neoclasicismo está ejemplificada por el *Santiago Matamoros* perteneciente a una colección particular en La Paz (lám. 35). En esta pieza se distinguen su técnica consistente en el uso del maguey y tela encolada y la dinámica del Barroco, junto con un tipo de ropajes y una gama de colores que ya corresponden al Neoclasicismo.

Finalmente, una importante tradición de la escultura colonial se constata en los personajes transmutados por la obra artesanal de los maestros mascareros, bordadores y miniaturistas de *Alsitas*, fiestas de las ofrendas en miniaturas, que reviven la magia de la escultura teatralizada y mantienen vivas las tardiciones de la técnica y el mito, pervivencia del Barroco como expresión mestiza, y del grotesco como expresión de la estética pupular actual.

RETABLOS Y PÚLPITOS

A partir de los documentos contractuales y por la presencia de determinados artistas en Potosí, puede afirmarse que los mejores retablos y púlpitos estuvieron en Potosí. No obstante, precisamente por la gran riqueza generada por las minas de plata, las obras de arte fueron actualizándose repetidamente a lo largo del tiempo. Hoy, la mayoría de iglesias potosinas están llenas de retablos de estilo neoclásico o académico, que reemplazaron en su momento los del Renacimiento y Manierismo. Por lo expuesto, los mejores ejemplos de la arquitectura en madera de la Audiencia se encuentran en la ciudad vecina de La Plata, al noroeste de Potosí.

El retablo mayor de La Merced en La Plata de los hermanos Hernández-Galván, es una importante obra del Renacimiento. Estos artistas también realizaron el que fuera retablo mayor de San Francisco en La Paz, y que desde hace dos siglos se encuentra en la iglesia del pueblo de Ancoraimes, cerca del Lago Titicaca. Son ejemplos importantes de la transición entre el Manierismo y el Barroco los retablos laterales del Santuario de Copacabana también cerca del Lago Titicaca. La iglesia parroquial de Copacabana en Potosí guarda un trío de retablos también representativos de la transición entre el Manierismo y el Barroco. De entre ellos destaca el de *La Soledad*, en el brazo izquierdo del crucero, obra del entallador Toro, realizada hacia 1685.

La llegada del Barroco en la Audiencia de Charcas es especialmente notoria en los retablos, conjuntos de grandes dimensiones profusamente tallados, dorados y policromados, que cubrían el muro de cabecera de las iglesias y se extendían a veces hasta los costados, estableciendo relación plástica con los púlpitos y los marcos de los grandes lienzos de los muros laterales. Allí se reunían elementos propiamente barrocos como la columna salomónica, junto con elementos prehispánicos, medievales, y manieristas en conjuntos abigarrados.

Existen numerosas referencias documentales de importantes retablos realizados en La Plata y Potosí, hoy desaparecidos o destruidos por los cambios de moda del siglo XIX. Es el caso del segundo retablo mayor de la catedral de La Plata, realizado por Giménez Villareal, que también creó la sillería del coro de San Francisco en esa ciudad; así como de los retablos mayores realizados para la iglesia franciscana de San Antonio de Padua en Potosí por Alcócer en 1634 y Luis Espíndola en 1643; y de los retablos documentados como obras del entallador Obregón. Entre los retablos que han llegado al presente se incluyen el retablo mayor de San Juan de Dios en Potosí, obra del entallador Ortega, y el retablo de Nuestra Señora de los Dolores, de 1682, de Juan de Ibarra, que se encuentra en el crucero izquierdo de la iglesia de Santo Domingo en La Plata.

En las obras propias del Barroco Mestizo, la decoración se torna exhuberante, recubriendo la arquitectura, dominada por el *horror vacui*, en el que sirenas, tenantes, querubines, ángeles, papagayos, monos, frutas tropicales y litúrgicas se disputan el espacio decorativo y cubren los elementos arquitectónicos hasta hacerlos casi irreconocibles. Ejemplos de este estilo son el retablo del Cristo de los desagravios y el retablo mayor de San Miguel en La Plata, de 1695, obras de Juan de la Cruz. El retablo mayor y el púlpito de la iglesia de La Merced en La Plata, así como el retablo mayor de la iglesia de San Benito en Potosí, ejemplifican asimismo esta tendencia. En el área rural destaca la riqueza decorativa de los retablos mayores de Puna y de Salinas de Yocalla en las cercanías de Potosí. Este último ha sido trasladado, y recientemenete armado, a la iglesia del convento de Santa Teresa en Potosí.

El Neoclasicismo dejó algunos ejemplos importantes. Cabe mencionar que tanto la arquitectura, como los retablos y púlpitos del Neoclasicismo de la Audiencia de Charcas difieren notablemente de los producidos en Europa. Las obras se inspiraron en gran medida en los tratados del Barroco tardío como la *Perspectiva* del Padre Pozzo, incorporando con frecuencia elementos decorativos del Rococó, como la rocalla. Por otra parte, la mayoría de estos retablos y púlpitos ya no se hacían en madera tallada y dorada, sino en mampostería pintada de blanco o imitando mármol, con detalles específicos dorados con pan de oro. Dentro de este estilo Manuel Sanahuja diseñó y realizó los altares y retablos laterales de la catedral de Potosí, así como el retablo del Cristo de la Vera Cruz, producido para la iglesia franciscana de Potosí. En La Plata son ejemplos de este estilo los retablos laterales y el púlpito de la Caterdral, los retablos y púlpitos de la iglesia conventual de Santa Teresa y el retablo del crucero de Santo Domingo.

ARTESONADOS Y CUBIERTA DE MADERA

Una de las peculiaridades del arte de la Audiencia de Charcas es la pervivencia de la tradición mudéjar de cubiertas de artesonado. De los existentes en Potosí, el más antiguo es el de la iglesia de Santo Domingo, construida entre 1581 y 1609. El artesonado es obra de Lázaro de San Román, que hizo su obra en planta rectangular, decorando los pares con lazos y estrellas de a ocho. Otros artífices realizaron obras en Santo Domingo, como Juan de Andrada, que construyó el desaparecido artesonado de la capilla mayor, así como Pedro Durán, que construyó el coro en 1633.

La iglesia potosina de La Merced fue construida entre 1570 y 1620. Entre 1629 y 1630 Lázaro de San Román y Alonso Góngora construyeron el artesonado de la nave. El artesonado tiene el almizate totalmente cubierto de lacería en la que alternan ruedas de ocho con pinjantes de ruedas de lazo de nueve y en el declive de los pares la armadura tiene dos fajas de lacería de estrellas de ocho.

El gran monumento potosino de la arquitectura mudéjar es la parroquia de los indios de Copacabana, concluida por lo agustinos en 1685. Se construyó para conmemorar a la milagrosa Virgen de Copacabana, cuyo santuario en el Lago Titicaca, estaba también bajo la tutela de la orden. La iglesia es de cruz latina con artesonados octagonales sobre el presbiterio y brazos del crucero realizados por Lucas Hernández. Tiene en su crucero una bóveda de media naranja sobre pechinas, ejecutadas íntegramente en madera, siguiendo modelos de Sæbastio Serlio. La cúpula tiene siete hileras de casetones, una heptagonal, los cuatro casetones octagonales inferiores, una de casetones heptagonales y las dos superiores de hexagonales, todos irregulares, que se van estrechando y alargando, acentuando el sentido de grandiosidad y perspectiva, convergiendo en líneas radiales en el punto geométrico central de la cúpula, donde está la linterna.

Obra más sencilla es el artesonado de la capilla del convento potosino de Santa Teresa, que se edificó en 1692. El techo, que data de principios del siglo XVIII, es armadura de par y nudillo, ricamente policromada, con la decoración propia del Barroco Mestizo. El artesonado de la capilla de Jerusalén, también en Potosí, repite este esquema constructivo y decorativo.

En la ciudad de La Plata se conservan varios artesonados. La iglesia de San Francisco tiene cuatro de ellos. El principal es el del crucero: octagonal regular, cuyo almizate está compuesto por una estrella de dieciséis puntas. El presbiterio, muy corto, tiene un ochavo común. Es importante el de la capilla de lado de la Epístola, también octagonal como el del crucero, aunque algo rectangular y más pequeño. El artesonado del crucero es obra de Martín de Oviedo, quien trabajó en sociedad con Diego Carvajal. Ambos artistas provenían de Potosí donde habían trabajado durante un tiempo. El artesonado de la nave es de par y nudillo y está totalmente policromado.

La iglesia jesuita en La Plata se concluyó en 1620, de planta de cruz latina y de una sola nave. Es el más rico ejemplo de cubierta de armadura mudéjar del Virreinato de Perú. No se conoce al autor de la construcción arquitectónica ni de las armaduras. El artesonado del crucero es octagonal a semejanza del de San Francisco, aunque el trabajo de lazos sobre los paños tiene tres fajas horizontales en las que alternan estrellas de seis y heptágonos. El almizate es abierto en su parte central y tiene una linterna cuyo interior está decorado con grutescos. El presbiterio y los brazos del crucero tienen ochavos. La nave principal, de armadura de par y nudillo con lacería, es sencilla en su decoración.

La iglesia de La Merced en La Plata fue trazada por Juan de Vallejo, y en 1582 tenía ya el retablo mayor, obra de los hermanos Hernández-Galván. Si bien las cubiertas de la nave central son abovedadas, las capillas son estructuras de madera, destacando la del lado derecho, que tiene un precioso artesonado octagonal alargado, que ha sido atribuido al arquitecto Rodríguez Matamoros. Otros ejemplos de este tipo de trabajo incluyen la iglesia de San Roque y las capillas de los conventos de Santa Clara y Santa Teresa.

El ejemplo mudéjar más importante de la arquitectura rural es la iglesia de San Luis de Sacaca, en el departamento de Potosí. Es de planta de cruz latina y nave alargada, y tiene la cubierta de armadura vista de par y nudillo con harneruelo. En el presbiterio y capillas laterales tiene artesonados independientes, siendo el más importante el del presbiterio, octagonal, con el almizate central decorado con lacería compuesta por estrellas de ocho y pinjantes mocárabes.

CONCLUSIÓN

El desarrollo de la escultura y arquitectura en madera en la Audiencia de Charcas, particularmente en Potosí, durante el período colonial fue notable. La escultura en madera se utilizaba para evangelizar, encender la fe y trasmitir ideas estéticas, religiosas y políticas. De hecho, durante este período muchas esculturas recibieron trato individual y casi humano, diluyendo los límites entre ficción y realidad. Por ejemplo, durante las celebraciones religiosas de Semana Santa en el siglo XVIII, esculturas de Cristo, con cuello y hombros articulados, eran manipuladas para representar las escenas sucesivas del clavado en la cruz, la agonía y muerte, el descendimiento, y finalmente la colocación en la urna sepulcral de Cristo. Estas representaciones religiosas teatralizadas incluyeron también esculturas de la Dolorosa, San Juan Evangelista, María Magdalena, y muchas otras, que se caracterizaron por la fusión sincrética de creencias y costumbres andinas y católicas, y por el sentido Barroco del gran teatro del mundo de Calderón de la Barca.[1] El papel crucial que desempeñó la escultura en madera en estas celebraciones apunta a la importancia social y cultural de la profesión de escultor durante el período colonial.

Notas

1 Estas celebraciones aún se llevan a cabo hoy en muchas partes del país, sobre todo en la región de Chiquitos. Algunas se han convertido en danzas populares, como la *diablada* del altiplano boliviano, en la que los danzantes, con vestiduras y máscaras policromadas, representan luchas celestiales entre los demonios y los siete pecados capitales contra legiones de ángeles, al final de las cuales todos los bailarines rinden pleitesía a la imagen de la Virgen María.

La plata: Del Cerro Rico a los recintos de la vida cotidiana

José de Mesa

La abundancia de plata en Potosí de 1545 a 1800 creó una floreciente industria y arte de la plata, haciendo del gremio de los plateros uno de los más importantes en la ciudad. Durante el período colonial, una cantidad importante de plateros ofrecía sus servicios no sólo en Potosí sino en todo el Virreinato de Perú, creando una variedad de objetos religiosos y de uso doméstico apreciados no sólo por su belleza sino por las funciones esenciales que desempeñaban en los rituales de la vida cotidiana.

La platería, como arte e industria floreció en todo el Virreinato de Perú, en sitios como Potosí, Oruro y La Paz, así como en la zona del Lago Titicaca, donde hay un lugar que hasta hoy se llama Platerías. Aunque en menor escala, también se realizó un avanzado trabajo de platería en otras ciudades importantes, como La Plata, Cochabamba y Santa Cruz. En esta última, una ciudad del trópico, hubo un importante gremio de plateros que producían gran variedad de objetos, tanto ordinarios como finamente labrados, de uso cotidiano y litúrgico.

En Potosí, como en las demás ciudades del Virreinato peruano, los plateros estaban regidos por el sistema gremial. El aspirante a platero entraba de aprendiz en el taller de un maestro aprobado por el gremio. Una vez que probaba que tener la habilidad y conocimientos exigidos, se le ascendía al rango de oficial. Después de varios años más de trabajo junto al maestro, se le permitía al aspirante tomar el examen administrado por el gremio. Si aprobaba, se convertía en maestro platero y podía poner taller propio.

En Potosí funcionaban varios talleres. Aunque se han identificado muy pocas obras, el historiador Mario Chacón ha logrado determinar los nombres de numerosos maestros y el tipo de trabajo que realizaban. Dado que el gremio de los plateros era el más prestigioso, la mayoría de los maestros eran españoles. Entre ellos hubo dos orfebres que trabajaban el oro: Alonso Negrillo, natural de Madrid, que vendió una esclava negra en 1601 debido a que volvía a España, y el vasco Juan Espeluzín, que murió en Potosí y fue honrado con un entierro en la Capilla de Aranzazu, reservada para los vizcaínos. Entre los maestros españoles se contaron también Juan Rodríguez Tarrío, creador de la custodia de la Catedral de Potosí en 1618, y Pedro de Bonifaz y Lorenzo

Yáquez de Ayala, que hicieron tres frontales para la iglesia de San Francisco en 1728. También hubo algunos maestros «extranjeros» en Potosí, tales como Andrés Obregón, natural de Quito (1685), Esteban de Salas, natural de Santiago de Chile (1609), y Manuel de Sejas o Seixas, natural de Lisboa, que hizo escala en Potosí hacia 1636, en viaje hacia Buenos Aires. Este último probablemente era judío.

Aparte de los españoles, había también muchos maestros mestizos. Entre ellos cabe destacar a Alejo Calatayud. Según Bartolomé Arzáns de Orsúa y Vela, que lo conoció personalmente, era: un «hombre de bríos y muy leído en historias y de gran entendimiento». Calatayud, que pedía respeto a los derechos de los artesanos, menos impuestos y la nominación de alcaldes nacidos en la Audiencia de Charcas y no en España, en 1731 encabezó en Cochabamba una rebelión de mestizos en contra de las autoridades españolas. A la larga, fue apresado y ejecutado en la horca por su papel en la rebelión.

Sólo se conoce un taller de platería atendido por oficiales indios. Había, además, algunos indígenas con el grado de maestros. Uno de ellos era Martín Cauta, natural del pueblo de Chucuito, a orillas del Lago Titicaca. La tradición de trabajo en plata de Chucuito se remontaba a los tiempos del Inca, cuando se fabricaban allí objetos de carácter ceremonial. También eran maestros indígenas Felipe y Carlos Ataucuri, naturales de Cuzco, activos entre 1680 y 1690. Por último, está Luis Niño, que era también excelente pintor, escultor y orfebre. Niño, que fue muy elogiado por Arzáns de Orsúa y Vela, creó la custodia de la catedral de Sucre por encargo del Monseñor Alonso del Pozo y Silva.

Además de los indígenas, también había africanos trabajando en los talleres de platería. La mayoría eran esclavos, como el nombrado Ambolumbé, activo alrededor de 1763, y Manuel Angola, un oficial platero que fue vendido en 1619 por su amo, Esteban Salas. Los documentos encontrados en los archivos también revelan que en 1676 Francisco Luis de Jesús, un «moreno libre» que era maestro de oro y plata, tomó como aprendiz a un tal Ignacio de Vargas.

A mediados del siglo XVIII muchos artesanos potosinos, entre ellos plateros, emigraron a La Plata, la futura capital del

Virreinato, y a Buenos Aires, probablemente debido a la depresión económica que afectó a Potosí. Se sabe que los plateros potosinos Díaz, Domínguez Argüello, Duarte, Duque y Rodríguez tuvieron talleres activos en Buenos Aires entre 1748 y 1777 porque hay documentos que indican que rehusaron dar su aporte a la festividad del Corpus Christi en Potosí.

Antes de que su economía se deteriorase y sus artesanos emigrasen, Potosí era un centro de exportación de obras de orfebrería en plata y oro. Los plateros potosinos Peralta, Zárate y Marín, por ejemplo, trabajaron para el padre procurador jesuita de las provincias de Tucumán, Buenos Aires y Paraguay, y una serie de objetos de plata elaborados en Potosí decoraron las misiones jesuitas en esos territorios. En los documentos encontrados en el archivo de Potosí, se menciona a un sólo tallador de piedras preciosas: José Lucio y Villegas, maestro lapidario, del cual se dice hizo una tasación en 1802.

Al finalizar el siglo XVIII y en los albores del siglo XIX, algunos maestros plateros potosinos eran también grabadores. Tal es el caso de Juan de Dios Ribera, hijo de la famosa Concha Tupac Amaru, que nació en Cuzco en 1760 y murió en Buenos Aires en 1824. En 1808 Ribera grabó una lámina para el ayuntamiento de Oruro, que fue obsequiada al Cabildo de Buenos Aires; en 1813 creó el sello de la Asamblea Argentina.

Otros plateros potosinos del siglo XIX fueron un tal Guzmán, que firmó un candelabro; Valentín Jiménez, natural de Potosí, que trabajó allí hacia 1816; y Teodoro Arévalo, que firmó una miniatura de plata destinada a adornar un belén o nacimiento. Era costumbre potosina poner miniaturas de plata, tales como muebles, vajillas, floreros, candelabros y demás, junto a una imagen del niño Jesús el día de Navidad.

Aunque la producción de objetos de plata costosos o de gran envergadura artística decayó en el siglo XIX, el arte de la platería no se extinguió, y se continuaron produciendo objetos pequeños. Por otra parte, los plateros indígenas abrieron talleres en zonas rurales, que aún funcionan: los más afamados están en el pueblo de Caiza, en el departamento de Potosí. Aunque la plata ha sido mayormente sustituida por níquel, que se obtiene fundiendo la moneda circulante, se siguen produciendo piezas de uso doméstico tales como soperas, azucareros, platos y candelabros con diseños barrocos tradicionales, hechas de níquel mezclado con pequeñas cantidades de plata. También se siguen fabricando los bastones de mando decorados en plata que portan los caciques indios como símbolo de su rango. Dichos bastones están decorados con aros de plata bien trabajados y remates de plata en las puntas.

Los objetos religiosos fueron, quizás, los más refinados que crearon los plateros potosinos en el período colonial. La importancia de la religión durante el Virreinato se manifestó en el abundante uso de la plata en los adornos que se instalaban en la ciudad durante las festividades religiosas y en la decoración permanente de las iglesias. Las fiestas religiosas eran ocasiones de gran regocijo público en las que se hacía ostentación de la plata. Se adornaban de plata tanto las calles como los altares efímeros erigidos para las procesiones religiosas. Por ejemplo, las calles de Potosí por las que pasaba el Santísimo Sacramento llevado por sacerdotes en la procesión de Corpus Christi se empedraban con lingotes de plata prestados por los ciudadanos más ricos. Sin embargo, el ejemplo más espectacular del uso de la plata en las festividades religiosas que se ha documentado en los archivos locales es el del carro que el Marqués de Santelices mandó a hacer para transportar la Eucaristía en la procesión de Corpus Christi. El carro, donado a la Catedral en 1745, tenía la forma de un sagrario con columnas salomónicas y cúpula de media naranja rematada con una imagen de la Fe.

En su *Historia de la Villa Imperial de Potosí* (1737) el historiador local Bartolomé Arzáns de Orsúa y Vela describe un altar con columnas de plata que levantaron los Hijos de Loyola en la Plaza de la Cebada en junio de 1624 para celebrar la canonización de San Ignacio de Loyola. Cerca de éste se se hallaba una figura sentada sobre un trono de plata que representaba a la ciudad de Potosí. En otra parte de la plaza había un altar o arco forrado en plata realizado por los frailes de San Juan de Dios; una obra similar a la anterior se levantaba en la esquina de la iglesia de San Francisco. Al parecer, todos los adornos realizados para esta magna fiesta fueron obra de dos artistas, uno alemán y otro flamenco. Tratándose de una celebración de jesuitas, es muy probable que el artista flamenco haya sido el hermano Van der Bruggen, conocido también como Diego de la Puente, que trabajaba en el Virreinato desde 1616 y que se sabe hizo largos periplos por todo el territorio, llenando las casas e iglesias de los jesuitas con sus pinturas.

El uso de objetos de plata para decorar altares también estaba generalizado. En todas las iglesias, de las catedrales y capillas conventuales más lujosas a las iglesias parroquiales más modestas, el altar mayor estaba siempre profusamente decorado, casi siempre con piezas labradas de plata, importantes y costosos. En los archivos de Potosí se consigna la existencia de ángeles con vestidos y alas de plata, algunos de los cuales están hoy en colecciones particulares.

Fue larga la lista de los objetos para decorar el altar y otros artículos religiosos que se hacían generalmente de plata en Potosí durante la época virreinal. El frontal era un tablero que se colocaba delante del altar para cubrir el hueco bajo el mismo. Medía alrededor de 1 metro de alto por 3.5 metros de ancho, y usualmente estaba constituido por cinco piezas, cada una con un diseño central, circular o elíptico, que incorporaba figuras de Cristo y los santos o formas decorativas de vegetales y pájaros, o de otra índole (lám. 41). Los arcos se colocaban en el nicho central del segundo cuerpo del retablo, en el que se exhibía la imagen o estatua del santo titular o Virgen principal de la iglesia. En el centro del altar estaba el sagrario, una caja o compartimento donde se depositaban los vasos sagrados; su parte externa estaba cubierta de plata ornada con elementos arquitectónicos y su puerta delantera podía abrirse y cerrarse mediante una llave fija (lám. 46). A cada lado del sagrario había tres gradillas, encima de las cuales se colocaban los candeleros y, tras ellos, las *mariolas* o *mayas,* unas planchas ovales, repujadas, que reflejaban e intensificaban la luz de las velas, realzando así el esplendor del altar. (láms. 42–43)

Encima del altar había varios objetos. El tabernáculo era un objeto de gran tamaño en forma de templete, con una gran cúpula sostenida por columnas. Una puerta corrediza cerraba los espacios entre las columnas; al abrirse, los fieles podían ver la custodia, donde se guardaba la hostia consagrada. La custodia era un artefacto de plata dorada, suntuosamente decorado. Parecía un disco solar, con rayos casi siempre incrustados de piedras preciosas, que se asentaba en un mango o pie, decorado con entre tres y seis nudos ornamentales (lám. 40). Éste, a su vez, descansaba en una base de cuatro patas. En el centro de ese «sol», había una cajita circular de oro, con vidrios por ambos lados, para guardar la hostia consagrada. La custodia estaba rodeada de *mayas* muy adornadas, que terminaban en remates con esmaltes de colores, generalmente azules y verdes.

Otros dos objetos litúrgicos generalmente labrados en plata dorada que se usaban en la misa, al igual que la custodia, eran el cáliz y el copón. Diseñados en diversos estilos, del manierista y el neoclásico al barroco, muchos se decoraban con piedras semi-preciosas y esmaltados; había algunos labrados en oro. El cáliz era la copa de la comunión en la que el sacerdote consagraba el vino, transformándolo así, según la creencia católica, en la sangre de Cristo; el copón era una copa hemisférica más grande para las hostias consagradas para la comunión de los fieles. Se convertía en una esfera perfecta cuando se le ponía su tapa también hemisférica, rematada en cruz.

Tres placas llamadas sacras se ubicaban también en el altar. En la de la derecha estaban inscritas la epístola y el evangelio que se rezaban al principio de la misa; en la del centro, las plegarias para la consagración del pan y el vino; y en la de la izquierda, el prólogo del Evangelio de San Juan que, hasta mediados del siglo XX, se leía y rezaba al finalizar la misa (lám. 36). En el altar también había grandes candeleros, a menudo de casi dos metros de altura, que consistían de un hástil ornamentado y colocado sobre una base circular o cuadrada, rematado por un platón cerero y un cilindro para encajar la vela (láms. 37, 47). El tenebrario en forma de triángulo invertido sujeta 15 velas. Encima del altar también había un incensario, una copa que se usaba para quemar incienso mezclado con carbón cuya tapa agujereada podía levantarse y bajarse mediante un juego de cadenillas (lám. 38). El acetre era el recipiente de agua bendita en forma de copa, con asiento y mangos de metal. Las vinajeras eran un par de botellitas de vidrio o plata, que contenían el vino y el agua para la celebración de la misa y que se transportaban sobre una fuente pequeña de forma oblonga.

Además de los objetos religiosos, muchos artículos del diario usados por la gente acomodada en la Audiencia de Charcas eran hechos de plata. Entre ellos había utensilios de mesa como la compotera, recipiente esférico para postres con tres patas y tapa, de diseño neoclásico; la olla, decorada con follaje barroco estampado a golpe seco sobre semicírculo; la chocolatera, recipiente cónico diseñado en estilos que iban desde el barroco hasta el neoclásico; el bernegal, taza tradicional con asas para líquidos, incluido vino, que originalmente se hacía de cerámica y cristal; los jarros, vasijas de medir con asas, de diversos tamaños, que se utilizaban, entre otras cosas, para vender líquidos; el chifle, una versión del cuerno de res usado originalmente para guardar pólvora fina y, luego, bebidas de viajeros, decorado con canutos de plata de estilo mestizo; el mate, una vasija para tomar dicha infusión, encasquillada en plata y a veces en oro; y el coquero, un recipiente para guardar la yerba mate o, más comúnmente, usado por la gente de la alta sociedad para guardar hojas de coca, que mascaban. (lám. 51)

Otros objetos de plata de uso doméstico eran los candelabros y candeleros, que también se hacían de bronce y latón; el sahumador o perfumero, un mechero que asumió diversas formas y se usó mucho en los períodos virreinal y republicano para perfumar habitaciones, trajes y otros objetos con sustancias aromáticas; la *chofeta,* un pequeño hornillo plano y circular, con uno o dos mangos de madera, sostenido por patas o por una base redonda, que servía para encender cigarros o para calentar los pies, según su tamaño; y la falca o alambique, recipiente asentado en un brasero de bronce, que tenía forma de cántaro ahusado con un ancho gollete del que salía, hacía abajo, un tubo de destilación, y que era muy usado para destilar licores como el singani y el pisco o aguardiente (lám. 49).

Objetos aún más ordinarios, como las piezas de las monturas y los arneses, también se hacían de plata u oro, o se decoraban con esos metales preciosos, sobre todo durante el período virreinal. Entre dichas piezas se contaban el lomillo o partes superiores del arzón, el bocado o freno, el cabezal, los estribos, el fiador o conjunto de piezas que ajustan la montura al pecho del caballo y otros accesorios. Asimismo, había utensilios sanitarios de plata como las bacenicas y conjuntos de palanganas para asearse. Los conjuntos comprendían jarras de agua de forma globular en la parte baja, cuello alto y boca ancha en la parte superior, mientras que las palanganas eran altas y hondas, con bases circulares de filete o listel y bordes muy anchos. Finalmente, las lámparas de minero, que aparecieron a fines del siglo XVI como una alternativa a las velas y las antorchas, también se hacían de plata. Adaptadas de las que pendían de las paredes de iglesias y hogares, las lámparas de minero colgaban de la vestimenta o del cinturón de éste, dejándole las manos libres. Consistían en un vaso lleno con aceite u otro combustible similar, como el sebo animal, por cuyo pico salía una mecha de hilo, lana u otra fibra. El vaso estaba soldado a un mango decorado con imágenes religiosas católicas e imágenes de dioses prehispánicos, de las que el minero era devoto y las cuales creía que le protegerían durante su peligrosa tarea subterránea (lám. 50).

Por último, no debe olvidarse que la moneda se acuñaba en plata. En 1572 empezaron a acuñarse monedas en Potosí por orden del Virrey Francisco de Toledo, el cual dispuso en 1575 la construcción de la primera Casa de Moneda. Una nueva Casa de Moneda construida en la década de 1760 funcionó hasta el período republicano del decenio de 1860 y 1870. Se siguió acuñando monedas en Potosí hasta comienzos del siglo XX. En total, más de 700 monedas distintas salieron de la ceca potosina. Las monedas potosinas se usaron en el comercio entre el Virreinato de Perú y las Filipinas, y entre las Filipinas y China. Esto explica por qué algunas monedas potosinas, reselladas con el cuño del emperador de China, circularon oficialmente en el Imperio Celeste.

Además de los objetos religiosos y de uso doméstico que reflejaban la influencia de la cultura española, muchos plateros producían objetos ceremoniales indios y mestizos. Entre otros se contaban las copas para la *ch'alla*, grandes cálices usados en libaciones rituales para atraer el bien y la felicidad; las cruces de los callahuayas, insignias que lucían en el pecho, encima del poncho tradicional los miembros de este grupo étnico de la región al norte de La Paz, renombrados desde la época prehispánica como herbolarios y médicos trashumantes; y máscaras originalmente usadas en bailes prehispánicos, a las cuales se habían añadido elementos españoles.

Otro objeto ceremonial hecho de plata era el *tupu*, un alfiler prehispánico rematado por un gran círculo con un pequeño agujero en el centro, por donde se ensartaba una cadenilla o hilo. El *tupu* venía en diferentes tamaños. En el siglo XIX, bajo la influencia de los estilos neoclásico y romántico, adoptó la forma de una paleta decorada con tres cucharas. El *tupu* se sigue usando en la actualidad. La *cahua* o peto, la corona y el cinturón son partes de plata del vestido tradicional de los indios laquitas en fiestas locales del departamento de La Paz, y de una profusamente decorada coracina (o coraza) ceremonial o *cahua*—el antiguo *unku* aimara—que se pone sobre los hombros.

Los bastones y látigos de mando decorados en plata son signos del poder de las autoridades indias del Altiplano. Inspirados en la vara de los alcaldes españoles, los bastones tienen mangos y puntas ornamentales de plata, y están decorados con canutos también de plata; su cuerpo principal está hecho de chonta, una palmera de gran dureza y tono oscuro. Los látigos, emblema de los indios hilacatas son relativamente cortos—alrededor de 50 centímetros de largo—y están formados por canutos con aros, llevando en los dos extremos del mango sendas argollas para atar en ellos las lonjas de cuero. Por último, también se hacían de plata las máscaras, cascos, capas, petos, perniles y otros artículos usados mayormente por indios y mestizos en festividades religiosas.

El arte de la plata que surgió en Potosí durante el período colonial, al igual que la pintura, la escultura y la arquitectura, no sólo fue estéticamente singular sino que desempeñó una función integral en la vida cotidiana de sus habitantes. Ya sea en los lingotes que pavimentaban las calles en ciertas festividades religiosas, los objetos litúrgicos finamente labrados que se usaban en el sacramento de la Eucaristía, los objetos que decoraban las mesas de la élite española, las lámparas conque los indios mitayos iluminaban la infernal oscuridad de las minas, los bastones que portaban con orgullo los caciques indios como símbolo de autoridad en sus comunidades o, quizá mejor aún, las monedas con que se compraban bienes y servicios, la plata estuvo íntegramente ligada a la realidad de la vida cotidiana.

Selected Bibliography

Acosta, José Antonio de. *Historia natural y moral de las Indias*. México, D.F.: Ed. Fondo de Cultura Económica, 1979.

America, Bride of the Sun: 500 Years Latin America and the Low Countries. Exh. cat. Antwerp: Royal Museum of Fine Arts and Imschoot, Books, 1992. Essays by Paul Vandenbroeck, Rudi Laermans, John Everaert, Wilson Mendieta Pacheco, Ria Fabri, Norma Lovera de Navarro, Ernst van den Boogaart, Bernadette J. Bucher, Teresa Gisbert, María Concepción García Sáiz, José de Mesa, Gustavo Navarro Castro, Charles Merewther, and Benjamin H.D. Buchloh and M. Catherine de Zegher.

Arzáns de Orsúa y Vela, Bartolomé. *Historia de la Villa Imperial de Potosí*. 3 vols. Providence: Brown University Press, 1965.

Bakewell, P.J. *Miners of the Red Mountain: Indian Labor in Potosí, 1545–1650*. Albuquerque: University of New Mexico Press, 1984.

Barba, Álvaro Alonso. *Arte de los metales*. Potosí: Casa de la Moneda, 1966 [1640].

Buechler, Rose Marie. *The Mining Society of Potosí, 1776–1810*. Ann Arbor: University Microfilms International, 1981.

Cajías, Fernando. "Retablos en Bolivia." *Arte y Arqueología* (La Paz), no. 7 (1981).

Cambios. The Spirit of Transformation in Spanish Colonial Art. Exh. cat. Santa Barbara: Santa Barbara Museum of Art in association with the University of New Mexico Press, 1992. Essays by Gabrielle G. Palmer and Donna Pierce.

Cañete y Domínguez, Pedro Vicento. *Historia física y política de la provincia de Potosí*. Edited by Gunnar Mendoza. La Paz: Fundación Universitaria "Simón I. Patino," 1952.

Capoche, Luis. *Relación General de la Villa Imperial de Potosí*. Biblioteca de Autores Españoles, vol. 122. Madrid, 1959 [1595].

Castedo, Leopoldo. *The Cuzco Circle*. Exh. cat. New York: Center for Inter-American Relations, 1976.

_____. *Historia del arte iberoamericano*. 2 vols. Madrid: Alianza Editorial, 1988.

Chacón Torres, Mario. *Arte virreinal en Potosí: Fuentes para su historia*. Seville: Escuela de Estudios Hispano-Americanos, 1973.

Chorpenning, Joseph F., ed. *The Holy Family as Prototype of the Civilization of Love: Images from the Viceregal Americas*. Exh. cat. Philadelphia: Saint Joseph's University Press, 1996. Essays by Chorpenning, Barbara von Barghahn, Joseph N. Tylenda, and Christopher C. Wilson.

Cobb, Gwendolyn Ballantine. *Potosí: A South American Mining Frontier*. Berkeley: University of California Press, 1945.

_____. *Potosí and Huancavélica: Economic Bases of Peru, 1545 to 1640*, 1947.

_____. *Supply and Transportation for the Potosí Mines, 1545–1640*. Durham, NC, 1949.

Cobo, Bernabé. *Historia del Nuevo Mundo*. Biblioteca de Autores Españoles, vol. 91. Madrid, 1956.

Cole, Jeffrey A. *The Potosí Mita 1573–1700: Compulsory Indian Labor in the Andes*. Stanford: Stanford University Press, 1985.

Concolorcorvo. *El lazarillo de ciegos caminantes*. Caracas: Biblioteca Ayacucho, 1985.

Converging Cultures: Art and Identity in Spanish America. Exh. cat. Brooklyn: The Brooklyn Museum in association with Harry N. Abrams, Inc., Publishers, 1996. Essays by Diana Fane, Edward J. Sullivan, Emily Umberger, Donna Pierce, Kevin L. Stayton, Elena J. Phipps, Tom Cummins, and Carolyn Dean.

Cornejo Bouroncle, Jorge. *Derroteros de arte cuzqueño: Datos para una historia del arte en el Perú*. Cuzco: Ediciones Inca, 1960.

Crespo R., Alberto. "El reclutamiento y los viajes en la 'mita' del Cerro de Potosí." In *Catédra de San Isidro*, vol. 1. León: VI Congreso Internacional de Minería. 1970.

_____. "La mita de Potosí." *Hoy* (La Paz) November 1981.

_____. *La guerra entre Vicuñas y Vascongados: Potosí. 1622–1625*. La Paz: Librería Editorial Juventud, 1975.

Cruz de Amenábar , Isabel. *La fiesta: Metamórfosis de lo cotidiano: Arte y sociedad en Chile, 1650–1820*. Santiago: Ediciones Universidad Católica de Chile, 1995.

_____. *Historia de la pintura y escultura en Chile desde la colonia al siglo XX*. Santiago: Antartica S.A., 1984.

_____. *El traje: Transformaciones de una segunda piel*. Santiago: Ediciones Universidad Católica de Chile, 1996.

Damian, Carol. *The Virgin of the Andes: Art and Ritual in Colonial Cuzco*. Miami Beach: Grassfield Press, 1995.

Dean, Carolyn Sue. "Painted Images of Cuzco's Corpus Christi: Social Conflict and Cultural Strategy in Viceregal Peru." Ph.D. diss., University of Michigan, Ann Arbor, 1990.

Escobari de Querejazu, Laura. "Conformación urbana y étnica en las ciudades de La Paz y Potosí durante la colonia." *Historia y Cultura* (La Paz), no. 18 (October 1990): 43–78.

———. "Ingenios e inventos." In *V Reunión de historia de la minería latinoamericana*. San Luis Potosí: Mexico, 1997.

———. "Introducción histórico-cultural al Barroco en Perú y Bolivia." In *El Barroco en América*. Milan: Jaca Book, 1997.

———. "Migración multiétnica y mano de obra calificada en Potosí siglo XVI." In *Etnicidad, economía y simbolismo*, ed. Arze Silvia, Rossana Barragán, Escobari, and Ximena Medinaceli. La Paz: HISBOL, 1993.

———. *Producción y comercio en el espacio sur Andino en el siglo XVII Cuzco-Potosí, 1650–1700*. La Paz: Embajada de España en Bolivia, 1985.

Esteras Martín, Cristina. *Marcas de platería hispanoamericana: Siglos XVI–XX*. Madrid: Ediciones Tuero, 1992.

———. *Orfebrería hispanoamericana, siglos XVI–XIX: Obras civiles y religiosas en templos, museos y colecciones españolas*. Exh. cat. Madrid: Museo de América, 1986.

———. *Platería del Perú virreinal, 1535–1825*. La Paz: Banco Continental Perú and Madrid: Banco Bilbao, 1992.

———. *Platería hispanoamericana, siglos XVI–XIX: Exposición Diocesana Badajocense: Preparatoria a los actos conmemorativos del V Centenario del Descubrimiento de América*. Exh. cat. Badajoz, Spain: Sala Capitular de la S.I. Catedral de Badajoz, 1984.

Galeano, Eduardo. *Open Veins of Latin America: Five Centuries of the Pillage of a Continent*. New York: Monthly Review Press, 1973.

Gisbert, Teresa. "Los curacas del collao y la cultura mestiza andina." In *500 años de mestizaje*, 51–102. Osaka: National Museum of Ethnology.

———. *Historia de la vivienda y los asentamientos humanos en Bolivia*. Mexico: Instituto Panamericano de Geografía e Historia, 1988.

———. *Historia de la vivienda y los conjuntos urbanos en Bolivia*. Mexico: Instituto Panamericano de Geografía e Historia, 1991.

———. *Iconografía y mitos indígenas en el arte*. La Paz: Gisbert y Cía. and Fundación BHN, 1994.

———, and José de Mesa. *Arquitecta andina: Historia y análisis, 1530–1830*. La Paz: Colección Arzáns y Vela Embajada de España en Bolivia, 1982.

———, and Luis Prado, eds. *Potosí: Catalogación de su patrimonio urbano y arquitectónico*. Instituto Boliviano de Cultura. La Paz, 1990.

———, Silvia Arze, and Martha Cajías. *Arte textil y mundo andino*. La Paz: Gisbert y Cía., 1987.

Gloria in Excelsis: The Virgin and Angels in Viceregal Painting of Peru and Bolivia. Exh. cat. New York: Center for Inter American Relations, 1986. Essays by Luis Enrique Tord, Teresa Gisbert, Barbara Duncan, Julia P. Herzberg, and Pedro Querejazu.

Gluckmann, Daniel. *Potosí*. Madrid: Agencia Española de Cooperación Internacional, Ediciones de Cultura Hispánica, 1990. Includes texts by Teresa Gisbert, José de Mesa, and Valentín Abecia Baldivieso.

Hanke, Lewis. *Luis Capoche y la historia de Potosí, 1545–1585*. Lima: Instituto Riva-Agüero, 1959.

Hardoy, Jorge, and Carmen Aranovich. "Urbanización en América hispánica entre 1580– y 1630." *Boletín del Centro de Investigaciones Históricas y Estéticas* (Caracas) 1, no. 1 (1969).

Kelemen, Pal. *Baroque and Rococo in Latin America*. New York: Dover Publications, 1951.

———. *Peruvian Colonial Painting*. New York: The Brooklyn Museum, 1971.

Klein, Herbert S. *Haciendas and Ayllus: Rural Society in the Bolivian Andes in the Eighteenth and Nineteenth Centuries*. Stanford: Stanford University Press, 1993.

———. *Bolivia: The Evolution of a Multi-Ethnic Society*. New York: Oxford University Press, 1992.

Latin American Civilization: History and Society, 1492 to the Present. Edited by Benjamin Keen. Boulder, Colorado: Westview Press, Inc., 1991.

Lizárraga, Reginaldo de. *Descripción y población de las Indias*. Edited by Ignacio Ballesteros. Madrid: Historia 16, 1987.

López de Caravantes, Francisco. *Noticia general del Perú*. Edited by Marie Helmer with José María Pérez-Bustamante de Monasterio. 6 vols. Madrid: Atlas, 1985–1989.

Llanos, García de. *Diccionario y maneras de hablar que se usan en las minas y sus labores en los ingenios y beneficios de los metales (1609)*. La Paz: Museo de Etnografía y Folklore, 1983. Includes texts by Gunnar Mendoza L. and Thierry Saignes.

Mesa, José de. *La plata en Bolivia: Introducción a la platería civil*. Exh. cat. La Paz: Municipalidad de La Paz, 1992.

———. *Platería en Museo de la Catedral de La Paz*. Laz Paz: Comisión de Arte Sagrado, Universidad Mayor de San Andrés, 1981.

———. *Platería religiosa virreinal, siglos XVII–XIX*. Exh. cat. La Paz: Comisión Nacional de Arte Religioso, Museo Nacional de Arte, 1988.

———, and Teresa Gisbert. "El arte de la platería en la diócesis de La Paz". *KHANA, Revista de arte y letras*, vols. 1, 3, and 4, La Paz, Bolivia, 1954.

_____, and Teresa Gisbert. *Escultura virreinal en Bolivia.* La Paz: Academia Nacional de Ciencias de Bolivia, 1972.

_____, and Teresa Gisbert. *Historia de la pintura cuzqueña.* 2 vols. Lima: Fundación A.N. Wiese, 1982.

_____, and Teresa Gisbert. *Holguín y la pintura altoperuana del Virreinato.* La Paz: Alcaldia Municipal, 1956.

_____, and Teresa Gisbert. *Holguín y la pintura virreinal en Bolivia.* La Paz: Ediciones Juventud, 1978.

_____, and Teresa Gisbert. *La pintura en los museos de Bolivia.* La Paz: Editorial Los Amigos del Libro, 1990.

_____, and Teresa Gisbert. *Monumentos de Bolivia.* La Paz: Gisbert y Cía. and Fundación fiesta BHN, 1995.

_____, and Teresa Gisbert. *Sucre, Bolivia.* Bogota: Mayr & Cabal Ltda., 1992.

_____, and Teresa Gisbert. *Museo de la Catedral de Santa Cruz.* Santa Cruz, Bolivia: Arzobispado de Santa Cruz, 1983.

_____, Teresa Gisbert, y Carlos D. Mesa Gisbert. *Historia de Bolivia.* La Paz: Ediciones Gisbert, 1997.

Mills, Kenneth R. *Idolatry and Its Enemies: Colonial Andean Religion and Extirpation, 1640–1750.* Princeton: Princeton University Press, 1997.

Mo, Charles L. *Splendors of the New World: Spanish Colonial Masterworks from the Viceroyalty of Peru.* Exh. cat. Charlotte: The Mint Museum of Art, 1992.

Ocaña, Diego de. *Viaje fascinante por la América hispana del siglo XVI.* Edited by Arturo Álvarez. Madrid: Historia 16, 1987 [1599–1606].

Oribes y plateros en la Nueva Granada. Exh. cat. Bogotá: Banco de la República and Museo de Arte Religioso, 1990. Essay by Martha Fajardo de Rueda.

Peñaloza Cordero, Luis. *Nueva historia económica de Bolivia.* La Paz: Editorial Los Amigos del Libro, 1981.

Platería sudamericana de los siglos XVII–XX: Una exposición del Estado Libre de Baviera realizada por el Bayerische National-museum conjuntamente con el Staatliche Muesum für Völkerkunde. Exh. cat. Munich: Hirmer, 1981. Essays by Adolfo Luis Ribera and Héctor H. Schenone.

Potosí: Patrimonio cultural de la humanidad. La Paz: Compañia Minera del Sur S.A./COMSUR, 1988. Essays by Mariano Baptista Gumucio, José de Mesa and Teresa Gisbert, Gastón Arduz Eguía, and Juan Fernández.

Querejazu, Pedro. *El dibujo en Bolivia: Dibujos 1900–1950: Selecciones de la colección Romero-Pinto y otras colecciones de La Paz.* La Paz: Fundación BHN, 1996.

_____. "La escultura en el Virreinato del Perú y la Audiencia de Charcas." In *Pintura, escultura y artes útiles en Iberoamérica, 1500–1825,* 257–270. Madrid: Catédra, 1995.

_____. "El Mudéjar como expresión cultural ibérica, y su manifestación en las tierras altas de la Audiencia de Charcas, hoy Bolivia." In *El Mudéjar iberoamericano: Del Islam al Nuevo Mundo,* 253–264. Edited by Rafael López Guzmán and Ramón Gutiérrez. Granada: El Legado Andalusi, 1995.

_____. "Pintura y escultura barroca en la Audiencia de Charcas." In *El Barroco en América.* Milan: Jaca Book, 1997.

_____. "The Sculpture in Maguey, Dough and Glued Cloth in Bolivia and Perú." *5º encuentro trienal del Comité de Conservación del ICOM.* Zagreb, 1978.

_____. "Sobre cinco tablas de Bitti y Vargas." *Arte y Arqueología* (La Paz), nos. 3–4 (1975): 97–112.

_____. "Sobre las condiciones de la escultura virreinal en la región andina." *Arte y Arqueología* (La Paz), nos. 5–6 (1978): 137–152.

_____. "La Virgen de Copacabana." *Arte y Arqueología* (La Paz), no. 7 (1981): 83–94.

Ramos Gavilán, Alonso. *Historia del Santuario de Nuestra Señora de Copacabana.* Edited by Ignacio Prado Pastor. Lima: Ignacio Prado Pastor, 1988 [1621].

R.C. Padden. ed. *Tales of Potosí: Bartolomé Arzáns de Orsúa y Vela.* Trans. Frances M. López-Morillas. Providence: Brown University Press, 1975.

El retorno de los ángeles: Barroco de las cumbres en Bolivia/Le retour des anges: Baroque des cimes en Bolivie. Exh. cat. Paris: Unión Latina/Union Latine, 1996. Essays by Teresa Gisbert, Edouard Pommier, Dominique Fernandez, José de Mesa, and Marisabel Alvarez Plata.

Ribera, Adolfo Luis. "Isaac Fernández Blanco," *Catálogo de platería.* Buenos Aires: Museo de Arte Hispano, 1970.

_____. *Southern Splendor: Masterworks of Colonial Silver from the Museo Issac Fernández Blanco, Buenos Aires.* Exh. cat. New York: Americas Society Art Gallery, 1987.

_____, and Héctor Schenone. *El arte de la imaginería en el Río de La Plata.* Buenos Aires: Instituto de Arte Americano e Investigaciones Estéticas, 1948.

Rudolph, William. "Las lagunas de Potosí." *Hoy* (La Paz). April 1983.

Saignes, Thierry. *Ayllus, mercados y coacción colonial: El reto de las migraciones internas en Charcas siglo XVII.* In *La participación indígena en los mercados surandinos: Estrategias y reproducción social, siglos XVI a XX,* ed. Harris, Larson, and Enrique Tandeter. La Paz: CERES, 1987.

_____. "Nota sobre la contribución regional a la mita de Potosí a comienzos del siglo XVII." *In Historiografía y bibliografía americanistas,* vol. 28. Seville, 1984.

Sebastián, Santiago. *El barroco iberoamericano. Mensaje iconográfico.* Madrid: Ediciones Encuentro, 1990.

Sempat Assadourian, Carlos. *El sistema de la economía colonial: El mercado interior: Regiones y espacio económico*. Mexico: Editorial Nueva Imagen, 1983.

Tandeter, Enrique. *Coercion and Market: Silver Mining in Colonial Potosí, 1692–1826*. Albuquerque: University of New Mexico Press, 1993.

_____. *Trabajo forzado y trabajo libre en el Potosí colonial tardío*. Cochabamba, Bolivia: Centro de Estudios de la Realidad Económica y Social, 1991.

Temples of Gold, Crowns of Silver: Reflections of Majesty in the Viceregal Americas. Exh. cat. Washington, D.C.: The Art Museum of the Americas and The George Washington University Dimock Gallery, 1991. Essays by Peter F. Klaren, Robert J. Stroessner, Barbara von Barghahn, Santiago Sebastián López, Teresa Gisbert, Christopher Wilson, Mercedes Pastor, and Evelyn Figueroa.

TePaske, John J., and Herbert S. Klein. *The Royal Treasuries of the Spanish Empire in America*. Durham, NC: Duke University Press, 1982.

Vignale, Pedro Juan. *La Casa Real de Moneda de Potosí*. 2 vols. Buenos Aires: Ediciones de Arte, "Albatros," 1944.

Wethey, Harold E. *Colonial Architecture and Sculpture in Peru*. Cambridge: Harvard University Press, 1949.